KB190539

한국 교회 네팔 선교
40주년 기념 시리즈 1

한국 교회의 네팔 선교 개척자들

이성호 · 강원희 · 이예신 · 이상룡 선교사 이야기

세움북스는 기독교 가치관으로 교회와 성도를 건강하게 세우는 바른 책을 만들어 갑니다.

한국 교회 네팔 선교 40주년 기념 시리즈 1

한국 교회의 네팔 선교 개척자들

이성호 · 강원희 · 이예신 · 이상룡 선교사 이야기

초판 1쇄 인쇄 2022년 4월 5일
초판 1쇄 발행 2022년 4월 10일

지은이 | 김한성, 신성임
펴낸이 | 강인구

펴낸곳 | 세움북스
등 록 | 제2014-000144호
주 소 | 서울시 서대문구 연희로 160 연희회관 3층 302호
전 화 | 02-3144-3500
팩 스 | 02-6008-5712
이메일 | cdgn@daum.net

교 정 | 류성민
디자인 | 참디자인

ISBN 979-11-91715-38-5 (03230)

한국 교회의
네팔 선교
개척자들

한국 교회 네팔 선교
40주년 기념 시리즈 1

이성호 · 강원희 · 이예신 · 이상룡 선교사 이야기

김한성, 신성임 공저

네팔 선교 1세대,
네 명의
선교사 이야기

세움북스

서문

한국 교회의 네팔 선교는 '고요한 아침의 나라'에서 '은둔의 나라'로 그리스도의 복음과 사랑을 전한 것이다. 올해 2022년은 한국 교회의 파송 선교사가 네팔에 처음 도착했던 1982년 이래 40년이 되는 매우 뜻깊은 해이다. 1980년대 당시 네팔은 신앙의 자유와 전도의 자유를 매우 제한하여서 한국 선교사들이 많은 어려움을 겪었다. 하나님의 부르심을 따라 네팔로 떠났던 한국 선교사들 가운데 귀한 생명을 내어 준 이들도 있고, 자녀들을 먼저 천국으로 보낸 이들도 있다. 그렇게 수년 전까지 깨끗한 물과 전기조차도 귀했던 네팔에서 많은 어려움을 견디며 복음을 전한 한국 선교사들이 있다.

앞서 가시는 하나님을 따라 순종의 걸음을 재촉한 한국 교회와 선교사들의 섬김을 글로 담아 두는 것이 필요했다. 이것을 위해 네팔선교연구원과 동역 교회들은 〈한국 교회의 네팔 선교 40주년 기념 시리즈〉를 준비했다.

이 시리즈는 다섯 권의 책으로 구성되었다.

제1권. 『한국 교회의 네팔 선교 개척자들』

제2권. 『인물 중심의 네팔 교회 초기 역사』

제3권. 『네팔의 초기 교회 이야기』

제4권. 『복음의 빛, 네팔을 비추다: INF 이야기』

제5권. From Nepal Mission to Mission Nepal

하나님께서 세계 교회를 불러 네팔로 보내셨듯이, 이제 네팔 교회를 들어 세계 복음화에 사용하시기를 기원한다.

2022년 3월 8일
김한성

서문

    2022년은 한국 교회의 네팔 선교 나이가 불혹인 마흔 살이 되는 해이고, 개신교의 네팔 선교가 칠십 년이 되는 해이다. 한국 교회가 파송한 타문화권 선교사가 네팔에 처음 입국한 것은 1982년이었다. 이때까지도 네팔은 관광객들과 산악인들에게 문을 열어 두었을 뿐 예수 그리스도의 복음에는 문이 굳게 닫혀 있었다. 서구 개신교회의 네팔 선교는 1952년 11월 10일에 서구 선교사들이 입국하며 시작되었다. 이것은 네팔 내부에서 커다란 정치 변화가 있어서 가능했다. 이들은 의료, 교육, 지역 개발 영역에서 오랜 기간 동안 섬겼다.

    1982년, 한국 교회의 타문화권 선교는 아직 미약했다. 1979년, 한국 교회가 파송한 선교사는 총 93명에 불과했고, 이때로부터 3년이 지난 때였으니 한국 교회의 타문화권 선교는 부족한 점이 많았다. 한국 교회가 넉넉히 가지고 있던 것은 오로지 성령 충만과 하나님께 대한 헌신과 복음 전파의 열정이었다.

    한국 교회의 타문화권 선교 역사를 고려할 때, 네팔 선교는 비교적 일찍 이루어졌다. 1982년 이전에 한국 교회가 파송한 선교사들은 주로 동북아 · 동남아로 갔고, 자비량 선교사들은 독일로 갔으며, 교포들을 목회하기 위한 목회자들은 남미와 북미로 갔다. 1960년대 초반에 故 전재옥 선교사 외 2명의 선교사들이 파키스탄에 갔고, 1974년 故 정성균 선교사가 방글라데시로 가서 사역하다가 파키스탄으로 사역지를 옮긴 뒤 1984년에 순교했었다. 인도와 네팔은 1982년이 되어서야 비로소 한국 선교사가 도착했다.

1980년대에 네팔에 입국한 한국 선교사는 네 가정이 있다. 교회 지원과 신학 교육 사역을 한 故 이성호 · 천정희 선교사(1982년), 의료 선교를 한 강원희 · 최화순 선교사(1982년)와 故 이춘심 선교사(1985년), 그리고 성경 번역 사역을 한 이상룡 · 이혜련 선교사(1988년)가 그들이다. 1990년 이후, 여러 한국 선교사들이 네팔에 입국해서 사역했으며, 우리나라에서 일하는 네팔 이주 노동자들을 섬기고 사랑하면서 복음을 전하는 선교사들도 생겨났다.

이 책은 한국 교회의 네팔 선교 40년을 기념하는 책이다. 이름도 없이 빛도 없이 머나먼 땅에서 많은 수고를 하고 있는 모든 선교사들의 생활과 사역이 귀하지만, 여러 가지 현실적인 제약 때문에, 네팔 선교 초기의 네 가정에 초점을 맞추었다. 네팔에서 사역하는 한인 선교사들 중에 귀한 분들이 정말 많다. 이들에 대한 이야기를 할 수 있는 기회가 앞으로 있기를 소망한다.

본서는 최근 발군의 연구 성과를 내고 있는 신성임 박사님과 내가 함께 저술했다. 신 박사님은 이성호 선교사 내외와 강원희 선교사 내외에 대한 글을 썼으며, 나는 이춘심 선교사와 이상룡 선교사 내외에 대한 글을 썼다. 이 책을 통해, 한국 교회와 성도가 네팔 선교에 한 발짝 더 가까이 나아갈 수 있기를 소망하며 기도한다.

2022년 1월 10일
김한성

추천사

존 웨슬리가 말했다. "교회의 최고 과제는 세계 복음화이다. 수백만의 무수히 많은 사람들이 아직도 복음을 듣지 못하고 있다. 당신이 이 땅에서 해야 할 한 가지 일이 있다. 그것은 영혼을 건지는 일이다."

우리 한국 교회는 선교사님들에게 복음의 빚을 지었다. 그 복음의 빚을 갚기 위해 한국 교회는 많은 선교사님들이 세계 곳곳으로 나갔다. 그 중에 네팔은 복음의 불모지와 같던 곳이다. 한국 교회에서 네팔 선교를 시작하신 분들이 있다. 이성호, 강원희, 이예신, 이상룡 선교사님이다. 이분들은 80년대에 네팔로 가셔서 선교 사역을 하셨다. 의료 선교, 성경 번역 등 다양한 사역을 하셨다. 이제는 모두 은퇴 연령이 되거나 소천한 분도 계신다. 이분들을 위한 한국 교회 초기 네팔 선교 사역을 위한 책이 나오게 됨을 감사드린다. 이 일을 위해 수고해 주신 아신대 김한성 교수님에게 감사를 드린다.

이제 우리는 이분들의 선교 사역을 이어 받아야 한다. 한국 교회 네팔 선교 사역을 위해 다시 한번 결심을 해야 한다. 나는 선교 사역을 준비하는 모든 분에게 이 책을 추천한다. 선교 목회를 준비하는 목회자들에게도 이 책을 한번 읽어 보길 소망한다.

권준호 목사

(네팔선교연구원 원장, 용인 송전교회 담임)

네팔 한인 선교의 시작은 1982년이다. 그때는 절대 왕정 시대였다. 민주화 운동의 결과로 1990년 2월 입헌 왕정 체제로 변화하였으나, 왕을 중심으로 하는 정부와 마오 공산주의자들과의 내전이 10년 동안 지속되었다. 2006년, 네팔 왕이 왕좌에서 물러나면서 힌두 왕국은 공화국으로 전환되었다.

이러한 정치 · 사회적 변화에 맞물려서 네팔 선교도 변화해 왔다. 그 중 절대 왕정기의 네팔에서 선교를 시작하고 자리를 지켰던 초기 한인 선교사들은 세 부부 선교사들과 독신으로 입국한 한 명의 여선교사가 전부였다. 이들의 이름은 이성호 · 천정희, 강원희 · 최화순, 이상룡 · 이혜련 그리고 이춘심 선교사이다.

이분들을 보면, 부담도 있지만 격려가 된다. 후배인 나는 과연 그렇게 긴 시간을 완주할 수 있을까 하는 부담을 느낀다. 한편, 하나님께서 이분들을 인도하셨듯이 후배들의 선교 사역에도 힘과 은혜를 더하실 것이라 믿기에 격려가 된다.

네팔의 후배 선교사들에게 선배 선교사들은 그러한 존재이다. 네팔에서 선교 사역을 할 때 어떤 힘든 일이 있을지 한 눈에 볼 수 있게 해 주면서도, 어떤 하나님의 역사를 체험할는지 미리 볼 수 있게 해 주는 선봉장이다.

코로나19로 힘겨운 시간을 보낸 지 2년이 지났다. 역사 속에서 힘들지 않은 시간이 한 번도 없었다. 이 책은 그렇게 힘겨운 순간에도 주님께서 그의 종들과 분명히 함께하셔서 힘과 능력을 더하셨다는 것을 보여 준다. 후배 네팔 선교사로서 초대 한인 선교사 네 명의 사역이 한국 교회에 소개된 것을 매우 감사하며, 이 책을 한국 교회에 적극 추천한다.

이원일 선교사
(네팔 주재 한국 기독교선교사협의회 회장)

Contents

목차

일생을
현지 사역자 양성에
쏟으며

이성호 · 천정희 선교사

저자는 故 이성호 선교사의 자료 수집을 위해, 2020년 4월 22일부터 2020년 7월 2일까지 이 선교사의 가족을 포함한 관련 선교 동역자 총 5명의 면담과 2명의 설문을 진행하였다. 또한 이 선교사가 속한 대한예수교장로회총회(통합)에 정식 절차를 거쳐 이 선교사가 총회로 보낸 모든 문서와 기도편지를 수집하였고, 인터넷에서 수집 가능한 이 선교사의 기도편지와 선교 관련 내용들을 수집하였다. 그리고 오랫동안 이 선교사와 함께 동역한 네팔장로회신학교 학장인 프라까스(Prakash Lama)와의 이메일을 통한 서면 질문지를 통해서도 자료를 수집하였다. 이 자료들을 근거로, 저자의 구성에 따라 본 글이 작성되었음을 밝힌다.

1장

임마누엘의 하나님이 계시다

이성호 선교사는 자신의 이름 앞에 호(號)인 임마누엘(Immanuel)을 항상 사용하였다. 자신을 소개할 때면 그는 늘 Immanuel Sungho Lee라고 하였다. 그것은 아마도 자신과 함께하는 하나님을 잊지 않고 매번 상기하기 위해서거나, 아니면 임마누엘의 하나님께서 항상 자신과 동행해 주시기를 소망하는 마음에서 그리 하였을 것이다. 선교 사역 가운데서 온전히 임마누엘의 하나님만을 붙잡고 나아가고자 했던 그의 의지가 엿보인다. 그 하나님께서 이 선교사를 통해 네팔 땅에 신학교를 세우시고, 많은 현지 기독교 사역자를 배출한 이야기를 지금부터 시작하려 한다. 현재 고인이 된 그가 생전에 남긴 많은 글과 기도편지들, 그리고 가족과 그를 기억하며 함께한 동역자들로부터 이 선교사에 관한 이야기를 들어 보자.

베트남 전쟁터에서

이 선교사는 1947년 9월 19일 경북 영일에서 태어나 1969년 계명대학교 영문과를 졸업하였다. 이 후 그가 인생의 가장 전환점인 선교의 소명을 가지게 된 것은 1972년에서 1973년 사이의 베트남 전쟁터에서였다. 생사가 오가는 전쟁터에서 그는 자신도 이해할 수 없는 이상한 기도를 하나님께 올렸다. 그것은 그가 지긋지긋하게 전쟁을 치르고 있는 베트남에 선교사로 다시 돌아갈 수 있기를 바라는 기도였다. 이를 위해서 우선 한국으로 먼저 안전하게 귀국할 것을 위해서도 기도하였고, 그렇게 그는 1974년 무사히 한국으로 돌아왔다. 이후 그가 원하는 베트남에 선교사로 다시 돌아가기 위한 방법을 백방으로 알아보았다.

그 길은 쉽게 열리지 않았다. 그렇게 1년이라는 시간이 흘렀다. 그러나 그는 준비기간 동안 서서히 하나님께서 자신을 인도와 네팔로 부르신다는 것을 새롭게 깨닫게 되었다. 여전히 베트남 선교에 대한 마음은 많았지만, 그는 하나님의 뜻에 순종하기로 마음먹었다. 그리고 1981년 9월 30일 선교사 지원서를 대한예수교장로회(The Presbyterian Church of Korea) 총회에 제출하였다. 마침내 1982년 성민교회와 미국의 나성영락교회의 후원으로 이 선교사는 인도와 네팔 선교를 위한 총회 파송 선교사로 파송을 받았다.

준비 기간 동안

이 선교사가 선교의 비전을 품고 선교사로 파송받기까지 그를 향한 하나님의 계획이 있었다. 인도와 네팔 선교로 부르시기 전부터 하나님은 그를 선교사로서 살게 하기 위한 여러 가지 준비 과정을 마련하셨다. 당시에는 잘 몰랐지만, 지나고 돌아보면 그 모든 것이 세심하게 준비하신 하나님의 손길이었음을 알 수 있다.

이 선교사가 일반 대학에서 영문학을 전공했던 것이 훗날 선교지와 대외적인 곳에서의 언어 소통에 많은 도움을 주었다. 물론 영문학을 전공한다고 해서 다 잘하게 되는 것은 아니다. 영어를 잊지 않고 계속 사용해야만 한다. 그래서 하나님은 그를 여러 곳에 두시면서 언어 훈련을 하게하셨다. 대학 졸업 후 그는 미연합장로교 선교사들과 교제를 가지며 언어 훈련을 하였고, 베트남 전쟁에 참전하였을 때도 부대 간 연락 담당 부서와 제2자원사령부(SRAC)에서 근무하며 통역 등으로 영어 훈련을 계속이어 갔다. 이런 언어 훈련은 이 선교사가 훗날 네팔어를 배우는 데도 큰도움을 주었다.

또 다른 훈련은 신학 대학원에 입학하면서부터이다. 이 선교사는 신학과 선교의 이론을 배우며 더욱 더 강한 선교 비전을 품게 되었다. 신학대학원을 졸업한 후에도 하나님은 그를 안정적인 일반 교회의 목회자 생활로 인도하시지 않았다. 강원도와 경기도 경계에 있는 농촌 교회에서여러 사역의 경험을 쌓게 하시고, 서울에서 교회를 개척하는 경험을 하게 하셨다. 농촌 목회와 교회 개척의 특성상 전도에 집중하는 사역을 할수밖에 없다. 당시 이 선교사는 교회를 떠나 한 동안 방황하던 어느 집사가 다시 교회에 정착하는 모습을 지켜보았는데, 이 일은 그에게 많은 것을 생각하게 했다. 잃어버린 한 마리의 양이 다시 돌아올 때 예수께서 느낄 그 기쁨을 조금이나마 이해하게 되었고, 그런 기쁨이 그를 더욱더 해외 선교에 마음을 두게 했다. 이런 훈련들은 앞으로 이 선교사가 맞이할 척박한 선교지에서의 선교 사역을 준비하기 위한 과정들이었다.

인도에서 네팔로

베트남 선교를 꿈꾸던 이 선교사가 인도와 네팔 선교로 마음을 바꾼 데에는 몇 가지 사건이 있었다. 그는 선교신학을 공부하던 중 이 땅의 마지막 선교지 중 하나가 힌두권 지역이라는 것을 깨달았고 그 대표적 힌두권 지역인 인도에 관심을 가지게 되었다. 그리하여 그는 복음이 가장 필요한 인도에서 복음을 전해야겠다고 결심했다. 선배 목사인 故 한철하 박사와 故 말린 넬슨(Marlin L. Nelson) 박사도 그에게 인도 선교를 권했고, 이들의 권유로 이 선교사는 인도에 대하여 공부하기 시작하였다.

그러던 중 1975년 겨울 이 선교사는 인도복음선교회(Indian Evangelical Mission)로부터 교회 개척과 교사 사역을 위해 초청장을 받았다. 초청장을 받는 순간 그는 하나님께서 인도 선교를 위해 첫 길을 여시는 것 같아서 말할 수 없는 기쁨을 느꼈다. 그는 여권 등 여러 준비를 빠르게 마치고, 이듬해 1월 인도복음선교회 본부가 있는 방갈로르(Bangalore)로 갔다. 이것이 그의 선교사로서의 비공식적인 첫 행보였다고 그는 고백하였다 (이성호, 네팔장로회신학교 역사관). 정식적인 선교사 파송을 받기 전부터 그는 미리 인도 땅을 밟았고, 그곳에서의 생활을 경험하며 적응하는 시간을 가졌다. 이것은 훗날 그의 네팔 선교에 좋은 밑거름이 되었다.

네팔과의 인연

1976년 인도에 도착한 이 선교사는 인도복음선교회와 함께 동역했다.

그의 역할은 인도 전 지역에 흩어져 있는 인도복음선교회의 지부에서 성경을 가르치는 일이었다. 이 사역을 하던 중 그는 은밀히 운영되던 네팔성경학교(Nepal Bible Institute)를 알게 되었다. 오래 전부터 차(tea)농사로 유명한 인도 다즐링(Darjeeling) 지역에는 많은 근로자가 필요했고, 이 때문에 많은 네팔 사람들이 일거리를 찾아 그 지역으로 모여들었다.

네팔인들을 다즐링으로 부르신 것은 하나님의 섭리였다. 당시 네팔에서는 복음 전도가 법으로 금지되어 있었고, 외국인이 네팔에 들어가는 것도 무척 어려운 시기였다. 직업을 찾아 인도로 나왔던 네팔인들은 당시 다즐링에 와 있던 서양 선교사들로부터 복음을 들을 기회를 가졌다. 복음을 들은 네팔인들 중 몇몇은 회심하고 그리스도인이 되었다. 이 선교사는 인도와 네팔의 접경 지역을 다니며 근로자로 온 네팔인들을 만났다. 그리고 당시 드러내지 못하고 비밀리에 운영되던 네팔성경학교에서 성경을 가르치기 시작하였다.

이런 가운데 그는 자연스럽게 네팔 선교의 필요를 보았다. 그리스도인이 거의 없던 네팔에 신학교를 세워 기독교 인재를 양성해야겠다는 비전을 품었다. 신학교에서 양육되어지고 훈련되어진 일꾼들이 네팔 각지로 흩어져 교회를 세우고 복음을 전파하는 자들이 될 것을 꿈꾸며 소망을 품었다. 이런 비전을 가슴에 품고 6년 정도 더 인도와 네팔 선교를 병행한 후, 그는 네팔로 들어가서 그곳에 온전히 정착하였다. 비록 그가 첫 사역지로서 인도로 파송을 받았지만, 하나님은 그에게 네팔 선교의 필요를 보여 주시고 그를 복음의 불모지였던 네팔로 이끄셨다.

장기 선교사로 헌신

이 선교사는 선교사의 삶으로 헌신할 때부터 단기 선교사가 아닌 장기 선교사가 되는 것을 마음에 품었다. 단순히 단기 사역을 통해 선교 경험을 얻는 것은 그의 목표가 아니었다. 그는 평생을 선교지에서 복음을 전하며 교회를 든든히 세워 가는 일에 헌신하기로 작정했다. 어떤 어려움이 닥친다고 하더라도 다시 한국으로 돌아갈 생각은 전혀 없었다. 그는 자신과 그의 가정이 선교지에 온전히 헌신하는 것을 자신의 사명이라고 굳게 믿었고, 하나님께서 지켜 주시리라는 믿음을 붙들었다. 선교지에서 그의 생을 다할 것을 각오한 그는 한국의 모든 생활을 다 정리하고 그렇게 고국을 떠났다.

2장

신학교 설립의 소명을 주시다

네팔 신학교의 필요와 절실함

인도에서 했던 여러 사역과 신학교 사역의 경험을 바탕으로 이 선교사는 네팔 신학교 건립의 비전을 품었다. 그러나 이 꿈을 실현하기에는 너무도 많은 어려움이 있었다. 1980년대 네팔에는 아주 적은 수의 성경 학교나 성경 훈련 센터(Bible training centers)가 운영되고 있었다. 하지만 그런 곳은 정식적으로 인가된 학교가 아니라 소규모나 비공식적으로 드러나지 않게 운영되는 곳이었다. 이런 곳에서 과정을 마치고 나면 신학생들은 신학 학사나 석사와 같은 더 높은 단계로 나아가기 위해서 가까이에 있는 인도나 다른 나라로 진학해야만 했다. 네팔에는 신학 학사나 석사 과정으로 운영되는 신학교가 없었기 때문이다. 뿐만 아니라 힌두교 사회에서 기독교 신학 공부를 위하여 가족을 떠나 타국으로 가는 것은 결코 쉬운 일이 아니었고, 네팔인들에게는 그럴 만한 재정적인 여유도 없었다.

이 선교사는 회심조차 어려운 네팔에서 기독교 목회자의 길을 걷고자 하는 이들이 신학 공부를 함에 어려움이 있고, 더 높은 단계의 신학교로 진학하지도 못하는 상황이 매우 안타까웠다. 그래서 그는 이 문제를 두고 기도하기 시작했다. 그가 이런 고민을 친구와 지인들에게 나누었을 때, 사람들은 그에게 소규모의 단기 성경 학교만 운영하고 신학교 건립이라는 큰 짐은 지지 않았으면 좋겠다고 조언했다. 왜냐하면 신학교를 건립하고 운영한다는 것은 엄청난 재정적 지원과 많은 사람들의 헌신이 요구되는 일임을 잘 알았기 때문이었다. 그리고 무엇보다 이 선교사가 그 일로 많이 힘들어질 것을 알기 때문이었다.

사실 그들의 조언처럼 학교를 세우는 것이 큰 짐이 될 수도 있다. 그러나 이 선교사는 기도를 하면 할수록 네팔에서의 목회자 양성은 반드시 필요한 일임을 느꼈다. 하나님께서 이 일이 이루어지길 원하신다면 자신은 묵묵히 그 일을 해야 한다는 생각이 더욱 깊어졌다. 마침내 그는 신학교 건립의 소망을 품고 네팔인들이 네팔에서 신학 공부를 할 수 있도록 신학교를 세우는 일에 착수하였다.

신학교 땅 매입

이 선교사는 작은 계란으로 큰 바위를 치듯 힌두교 왕국인 네팔 땅에서 기독 신학교를 설립하는 사명을 감당하고자 했다. 이것은 단지 타국에서 신학교 하나 건립하는 정도의 단순한 이야기가 아니었다. 당시 네팔의 상황과 네팔 국가에 대한 역사적 이해를 가진다면 네팔에서의 신학교 건립이 얼마나 어려운 일인지를 알 수 있을 것이다.

네팔은 국교가 힌두교였고 당시 국민 대다수(90% 이상)의 종교는 힌두교였다. 그리고 180여 년 동안 빗장을 걸어 잠그고 있다가 1951년에서야 외부에 문호를 개방하였다. 그 긴 기간 동안 외부와 단절된 채 네팔 내부에서는 많은 힌두 신들을 신봉하면서 더욱더 자신들만의 강성한 힌두교 국가를 유지해 나갔다. 문호를 개방한 지 불과 30여 년 만에 그런 힌두교 국가에 기독 신학교를 세운다는 것은 네팔 사회에 큰 도전장을 내미는 것과 같은 것이다. 그런 도전, 인간의 관점에서는 무모하기 짝이 없는 도전을 이 선교사는 하나님께서 주신 소명이라 믿고 꿋꿋이 이뤄 나가려 했다.

우선 그는 몇 명의 학생들과 함께 풀촉(Pulchowk)이라는 곳에서 건물을 임대하여 신학교를 시작했다. 그러나 같은 장소를 신학교와 교회의 두 용도로 사용하는 것에 어려움이 있었다. 그리하여 1985년 성민교회와 나성영락교회의 선교 헌금으로 신학교 지을 땅을 수나코티(Sunakothi) 지역에 마련하였다. 그리고 다음 해인 1986년 11월 15일부터 그 땅에 신학교 본관을 본격적으로 짓기 시작했다.

신학교 건물은 지었지만 또 다른 관문은 네팔 정부로부터 학교 인가를 받는 일이었다. 네팔 정부는 신학교의 인가를 허락하지 않았다. 당시 네팔은 힌두교 왕국이고 힌두교가 아닌 타종교로 개종하는 것이 법으로 금지되어 있었기에, 신학교를 위한 학교 인가는 내어 주지 않는 것이 당연했다. 그러나 이에 굴하지 않고 이 선교사는 1990년부터 1994년 동안 끈질기게 관공서를 문지방이 닳도록 다니면서 인가를 받기 위해 노력했다. 많은 어려움을 거쳐 마침내 네팔 정부는 다른 단과 대학들을 더 추가하는 조건으로 1994년 1월 종합 대학교 인가를 허락해 주었다.

이것은 네팔 정부가 신학교를 허락하지 않기에 일반 종합 대학교 성격에 맞는 조건으로 허락된 것이다. 학교에 단기 대학들을 5년마다 증설하고 일반 과목을 늘리며, 재활원같이 고아원과 무의탁 노인을 위한 사회 사업 과목들을 늘려 가는 조건이 붙었다. 이런 조건에 맞는 학교를 세워 가기 위해서는 건물을 더 짓고 증축해 나가야만 했다. 그래서 이 선교사는 1999년에 본관 건물을 우선 수리하고 이후 두 건물을 더 지어야겠다는 계획을 가졌다. 한 건물은 학생들을 위한 기숙사와 교수 및 교환 교수 또는 손님들이 머물 공간을 위한 것으로, 다른 한 건물은 대 예배당, 교실, 사무실, 도서관 그리고 소규모 활동을 위한 것으로 계획했다.

학교 인가를 받는 것으로 모든 일이 끝난 것은 아니었다. 인가 조건에 맞게 학과를 더 늘리고 그에 필요한 건물도 더 지어 나가야 하는 본격적인 어려움이 남았다. 결국 이 일을 위한 선교 후원자와 후원금을 모으는 것이 또 다른 어려움이 되었다. 어렵게 네팔 정부 인가를 받고 나니 또 다르게 넘어야 할 산이 생겼다. 당시 이 선교사가 느낀 어려움과 의지는 그가 총회 세계선교부에 보낸 서신에 고스란히 담겨져 있다. 그는 "이 만큼 일해 온 이상 어떤 불신이나 방해가 있어도 중단할 수도 양보할 수도 없다. 또 결국 이 일이 개인 사업이나 복지를 위한 것이 아니고 하나님의 선교이기에 부단히 악조건과 싸워 나갈 계획이다."라고 고백했다. 어떤 어려움에도 불굴하지 않겠다는 그의 굳은 의지가 보인다.

미래의 기독교 인재 양성을 위하여

이 선교사가 이런 어려움을 안고도 네팔 선교에서 가장 중요하게 중점을 두었던 사역은 네팔의 미래를 짊어지고 나갈 기독교 인재 양성이었다. 네팔에 복음이 전해진 역사가 그리 길지 않고 소수의 그리스도인만이 있는 당시의 상황에서 복음을 가장 널리 퍼지게 하는 효과적인 방법을 이 선교사는 기독교 인재를 양성해 복음 전도자로 키우는 것이라고 생각했다.

그래서 그는 네팔 선교를 시작한 지 얼마 되지 않은 1983년부터 네팔성경학교를 졸업한 자들을 미국, 한국, 싱가폴, 인도 등에 있는 신학교로 유학 보냈다. 이들이 신학 공부를 통해 기독교 지도자로 성장하고 학업을 마친 후, 다시 네팔로 돌아와 신학교에서 가르치며 차세대 지도자를 키워 낼 일꾼이 되기를 바랐다. 그러나 한 명의 신학생을 유학 보내는 데는 많은 비용이 들었다. 1995년 네팔성경학교를 졸업한 몇몇 학생을 한국에 있는 신학교로 보냈는데, 이 선교사는 그 학생들의 비행기 요금과 학비 그리고 매월 생활비 등 학업이 끝날 때까지 후원할 교회를 열심히 찾았다. 이런 일 또한 이 선교사가 해야 했다.

네팔 기독교의 미래는 현지 그리스도인을 잘 양육하여 사역자로 성장시키는 것에 달려 있고, 그 선교 과업이 자신의 사명임을 이 선교사는 인지했다. 그래서 그는 네팔에 신학교를 세우는 비전을 가지고 그 사역에 최선을 다했고 현지 지도자 양성에 주력했다. 이것이 바로 이 선교사가 강조하는 현지 그리스도인에 의해 기독교가 세워져 가는 '현지화 작업'인

것이다.

그는 현지화 작업이 선교를 시작하는 초기부터 이루어져야 한다고 주장했다. 외국인 선교사가 주도적으로 일을 하다가 많은 역할과 영역이 현지 지도자에게로 넘어가 외국인 선교사가 더 이상 많은 일에 관여할 수 없음을 깨달았을 때는, 이미 현지화 작업이 늦은 것이라고 보았다. 따라서 그는 선교 시작부터 현지 신학생들이 신학 공부를 할 수 있도록 유학 보내는 일에 집중하였다. 그리고 유학 보내는 것에는 많은 비용과 어려움이 있음을 알았기에, 그의 선교 목표를 네팔 땅에 신학교를 세우는 일에 두었던 것이다.

하나님께서 보내신 도움의 손길들

수나코티에 신학교 세울 땅을 구입했지만, 건물을 세우기 위한 또 다른 일이 거인처럼 서 있었다. 가장 큰 문제는 재정 충당이었다. 당연히 큰돈이 필요하고 자원 봉사와 헌신도 필요했다. 어려움만 있다면 이 일을 감당하기 힘들었을 텐데, 하나님은 생각지도 못한 방법으로 이 사역을 도우셨다. 신학교 건립을 도울 재정과 헌신자를 여러 곳에서 보내 주셨다. 그것은 하나님의 깜짝 선물이었다. 생각지도 못한 이런 하나님의 놀라운 도우심을 경험하면서 이 선교사는 죽어라 이 일에 매진하였는지도 모른다.

현지인들에게 공사를 맡기면 비용이 많이 들기 때문에 이 선교사는 미국의 Engineer Ministries International 단체에 도움을 요청하였고, 그 단체 20여 명의 건축가들이 조사차 콜로라도 스프링즈(Colorado Springs)에서 1999년 9월과 10월 두 차례 네팔을 방문했다. 그들은 현장을 둘러보고 기초 조사를 끝냈고, 이후 그들을 통하여 건축설계가 완성되었다. 그리고 플로리다(Florida) 비행장에서 건축 책임자로 일했던 도날드(Donald Komito)는 자신이 퇴직하는 2005년에 네팔로 와 학교를 지어 주겠다고 약속했다. 그의 약속으로 이 선교사는 인도와 네팔 국경 지역에 또 다른 신학교를 더 지을까 하는 생각도 했다.

인도와 영국 그리고 미국 등지에서 와 준 교수진 역시 열정적으로 가르쳐 주었다. 무엇보다 그는, 한국 교회와 선교단체의 기도와 후원이 큰 힘이 되었다고 고백했다. 그는 신학교 건립에 대한 확고한 비전, 건물을 짓는 과정 과정마다 도움을 준 손길들, 그리고 하나님께서 보내 주신 현지 학생들과 외부 교수진이 없었다면 오늘의 네팔 신학교는 없었을 것이라고 생각했다. 그는 이런 도움의 손길이 있어 감사했다. 그리고 이 신학교가 네팔 선교 센터로 사용되어지기를 바랐다.

지속적인 학교 성장

신학교 설립 과정과 학교 인가를 받는 어려움에도 학교는 매해 학생들이 모집되고 교수 요원들도 충원되면서 하나님의 은혜로 성장해 나갔다. 그리고 학교 체계가 잡혀 가고 타 학교들과도 교류를 맺으면서 대외적으로도 인정받기 시작했다. 1998년부터 신학교는 이전부터 있던 신학 학사 과정에 목회학 석사 과정을 통합하여 5년 과정을 실시했다. 또한 고등학교 졸업자는 5년 커리큘럼을 따르고, 전문 대학 졸업자는 3년 과정을 따르도록 했다.

1989년부터 2000년까지 신학교는 International Accreditation Commission USA과 PCK Theological Education Commission Korea 그리고 World Korean Theological Education Association Korea에서 공인(Accreditation)을 받았다. 그리고 2000년에서 2005년 사이에는 코헨(Cohen) 대학교, 2005년에서 2012년에는 위클리프(Wyclif)대학교와도 협력 관계를 맺었다. 2010년 이후로 학생 수가 더 늘고 성장함에 따라 학교는 아시아 신학연맹(Asia Theological Association General Assembly)의 충족 요건에 맞춰 아시아 신학 연맹의 공인도 받았다.

2009년 한국의 어느 한 목사와 나눈 기도편지에서 이 선교사는, 참으로 여러 번의 고비와 어려운 상황 속에서도 끊임없이 학생과 교수가 모집되고 학교가 공인된 기관으로 인정을 받으며 성장했던 것은 모두 다 하나님의 은혜라며 감사하다고 나누었다. 특히 그는 매년 믿음의 마음밭이 좋은 현지 학생들이 끊이지 않고 모집되는 것에 기뻤다. 학생들을 볼 때마다 그는 그들이 하나님의 복음 전도자로 네팔 복음화에 귀하게 사용되어지기를 간절히 기도했다.

대망의 첫 졸업식

4~5년 동안 공부한 학생들 중 두 명의 학생이 1994년 첫 졸업식을 가지게 되었다. 그들은 네팔 신학교의 첫 열매들이다. 어려운 가정 형편과

여건 속에서도 꿋꿋이 공부를 하고 모든 과정을 마친 학생들이다. 입학 때는 여러 명이 입학했지만 졸업은 두 명이 하게 되었다. 비록 두 명이 었지만 첫 졸업식은 무척이나 감격스러웠다. 기도편지에서 이 선교사는 "졸업식에 참여해서 두 학생들을 바라보고 있으니, 이곳에 와서 학교를 세우는 과정 가운데 겪은 수많은 어려움이 머릿속을 스쳐 지나갔다."라고 회상하였다.

어려운 가운데서도 매 순간마다 하나님께서 놀랍고 특별한 방법으로 채우시는 것을 보며 감사해 하지 않을 수 없었다. 그는 그런 감사와 감격에 북받치는 눈물을 쏟으며 하나님께 감사 기도를 드렸다. 그러나 감사는 여기서 끝이 아니었다. 두 졸업생은 졸업 후 모두 교회를 개척할 예정이었다. 할렐루야! 이것은 정말 이 선교사가 원하는 모습이었다. 그리고 더 감사할 일은 이듬해에도 10명의 졸업생이 졸업예정이고 이들 역시 졸업 후 교회를 개척할 예정이라는 사실이었다. 이 선교사는 이들 중 몇 명은 은사에 따라 교수요원으로 양성할 생각을 가졌다. 그는 기도편지에서 "감사만이 넘치는 첫 졸업식이었다."라고 고백하였다.

목사 안수식

그동안 신학교가 설립되고 여러 회 졸업생을 배출했지만 목사 안수식은 시행하지 못했다. 현재까지 졸업생 대부분은 각자의 고향이나 사역지에서 교회를 세우고 목회를 했지만, 이들은 목사 안수를 받은 목회자 신분은 아니었다. 이 선교사는 그들에게 목회자 직분을 부여하고 싶었으나 그것이 그리 쉬운 일만은 아니었다. 그렇다고 상당히 어려운 일도 아니었다. 대한예수교장로회 총회 교단과의 관계에서 여러 민감한 사안들이 있었기에 지금까지 교단 목회자 배출로는 못 하고 있었다.

민감한 사안으로는, 총회에서 파송되어 현지에서 사역하는 한국 선교사들과의 관계 문제와 교단 목회자로서의 재정 지원 문제 등이 있었다. 그러나 이런 문제들을 극복해야 할 만큼 현지인 목회자의 필요성은 절실했다. 신학생들이 졸업을 하고 고향이나 타 지역에서 교회를 개척했을 때, 목사 신분이 아닌 전도자 신분은 지역 주민을 전도하고 선교함에 있어 보이지 않는 걸림돌이 되었다. 또한 성례식과 세례식을 거행하는 문제, 현지인 목회자 안수 문제에도 어려움이 있었다. 교회 개척과 교회 사역 전반에 목사라는 신분이 필요했던 것이다.

이 사안을 두고 총회와 '네팔선교회(현재 네팔장로회신학교 후원 단체)'는 많은 논의를 하였다. 네팔선교회는 네팔을 여러 번 답사하고 졸업생들이 세운 교회를 둘러보았으며 그들의 어려움에 대해서도 귀 기울여 들었다. 논의 끝에 네팔선교회와 총회는 네팔장로회신학교 졸업생 중 자격 요건을 충족하는 사람에 한하여 목사 안수를 받게 했고 목사 안수식도 거행하기로 결정했다.

자격 요건으로는, 학교 졸업생 가운데 3년의 목회 경력과 개척한 교회의 성도 수가 50명 이상 되는 자들이다. 졸업생들 중 최종적으로 면접을 거쳐 몇 명이 선출되었고, 마침내 2014년 네팔 신학교의 첫 목사 안수식이 거행되었다. 2014년 1차 목사 안수식에서 14명이 안수를 받았고, 2018년 2차 때는 10명이 안수를 받았다.

네팔선교회는 오무웅 장로와 함께 네팔의 현지 조사와 지방 교회 방문을 위해 네팔의 동쪽에서부터 서쪽까지 횡단하였다. 네팔 교회들은 대형 교회로 확장하기보다는 사역자가 생기면 교회가 없는 곳에 교회를 개척하도록 그 사역자를 파송했다. 이를 '지부 교회', 또는 '초리 교회'라고 불렀다. 네팔어로 '초리'는 '딸'(daughter)이라는 의미이다. 초리 교회를 세우는 것이 네팔 교회의 특징이었다. 이런 네팔의 교회 현장을 둘러보고 네팔 교회의 특성을 이해한 오 장로는 "네팔 선교 사역에서 현지인 목회자는 필수적이다."라고 언급하며 현지인 목회자의 필요성을 강조했다.

"이곳에서는 신학생 한 명이 졸업하면 교회가 하나 생깁니다" 이 말은 이 선교사가 1995년 기도편지에서 직접 나눈 내용이다. 네팔에서의 교회 개척은 한국에서의 교회 개척과는 조금 달랐다. 네팔은 당시 그리스도인의 수가 많지 않았기에 신학교 졸업생들은 대부분 졸업 후 교회 개척을 그들의 사명으로 여겼다. 교회 개척은 거대한 건물과 교인이 있어야만 하는 것이 아니었다. 그들은 자신의 고향이나 교회가 없는 지역에서 교회를 개척했다. 작은 땅에 대나무로 기둥을 만들고 함석 지붕(zinc roofing)으로 덮거나, 벽돌 등으로 지었다.

목회자 대부분은 사례비를 받으면서 사역하지 않고 농사를 짓거나 다른 일을 해서 자신의 생활비와 목회 사역비를 충당했다. 아주 소수의 큰 교회를 제외하고는 대부분 교인 수가 적고 가난한 교인들이어서 목회자의 사례비는 거의 없거나 생활하기 어려운 아주 적은 금액이 지급되었다. 결국 목회자는 자립으로 교회와 목회자 자신의 가정을 꾸려 나가야 했다. 그럼에도 네팔 신학교 졸업생들은 이 어려움을 기꺼이 감수할 준비가 되어 있었다. 왜냐하면 그들은 네팔이 절실히 복음이 필요한 곳임을 잘 알고 있었기 때문이다.

네팔이라는 힌두교 국가에서 그리스도인으로 회심하는 것만으로도 힌두교 가족의 반대가 엄청 심하고 이웃의 핍박도 많다. 그리고 복음을 전하다 발각되면 감옥에 가야 하는 그런 곳에서 복음 전도자로 자신의 생계를 책임지며 살아가는 그들은 정말 대단한 사람들이다. 현재도 목회자들의 상황이 나아진 편은 아니다. 이런 어려움에도 그들은 복음 전도와 교회 개척을 그들의 사명으로 여긴다.

이 선교사 역시 한국에 있을 때 농촌 목회와 교회 개척의 경험이 있고 네팔에서도 선교 초기에 아샤(희망)교회(Asha Church)를 개척한 경험이 있었기에 현지 목회자들의 어려움을 잘 알고 있었다. 이런 어려움에도 이 선교사는 네팔에서 교회를 개척하고 세우는 일이 선교의 필수 과목이라고 여겼다. 물론 처음에는 대개 적은 수가 모여 시작하지만 그렇게 모여 시작한 교회들이 대형 교회로 성장해 나가는 것을 보았기 때문이다. 그래서 이 선교사는 자신이 선교를 다하는 날까지 교회 개척은 중요한 사역으로 계속 이어져 나가야 한다고 생각했다(이성호, 네팔장로회신학교 역사관).

그리하여 그는 신학교에서 훈련을 받고 졸업한 사역자들을 교회 개척 사역으로 파송했고, 그들로 인해서 많은 교회들이 각 지방마다 세워졌다. 개척의 어려움을 잘 아는 이 선교사는 작은 부분이나마 그 교회들을 지원하고자 했고 그런 도움은 2008년까지 지속되었다. 이후에는 조금씩 작은 교회들도 재정적으로 독립하기 시작했다. 프라까스 학장에 의하면, 현재는 이 교회들 중 몇 교회는 네팔장로회신학교와 협력하고 있다고 한다. 이런 상황을 두고서 이 선교사는 "신학생 한 명이 졸업하면 교회가 하나 생기는 것이다."라고 말한 것이다. 불모지 같은 곳에서 약속된 재정 후원이나 인적 도움 없이 믿음 하나로 교회를 개척해 나가는 신실한 주의 종들인 신학교 졸업생들이 이 선교사는 무척이나 자랑스러웠다.

3장

여러 어려움을 만나게 하시다

이 선교사가 네팔에서 사역하는 내내 참으로 여러 어려운 일들이 많았
다. 신학교 건립에는 재정적 어려움이 가장 컸고, 선교 후반부에는 이 선
교사 자신의 건강이 나빠져 어려움을 겪었다. 마음은 늘 많은 일을 하고
싶었지만 병원 신세를 져야 하는 것이 힘들었다. 이것 외에도 신경 쓸 일
들이 많았고 기도할 수밖에 없는 일들이 많았다.

재정적 어려움

가장 큰 어려움은 역시 재정적인 부분이었다. 선교지에 신학교를 세
우고 운영하는 것에는 많은 돈이 들기 마련이다. 수익을 창출하는 곳이
아니니 끊임없이 학교 운영비가 필요했다. 그렇다고 네팔 신학생들이 온
전히 학비를 다 내고 다닐 수 있는 형편이 아니었으니, 운영비는 전부 선
교 후원금의 몫이었다. 네팔 신학교 운영은 한국의 신학교 시스템과는
달라서 돈이 더 많이 들어가는 것이 현실이었다.

기독교가 핍박을 받고 그리스도인이 소수인 곳에서 신학생을 모집한

다는 것이 쉬운 일은 아니었다. 그리고 대부분의 학생들은 아주 먼 시골에서 왔고 통학 자체가 힘들었기 때문에 학교 기숙사에서 지내야만 했다. 기숙사 생활을 한다는 것은 곧 학교가 그들에게 숙식을 제공해야 하는 것이고 그 만큼 돈이 더 들어가는 일이었다. 또한 학생들 대부분 역시 형편이 어려워 학비를 거의 낼 수 없거나 아주 조금만 내었기에 학교 운영비는 오로지 선교 후원금에 의지할 수밖에 없었다. 이것이 네팔 신학교의 현실이었다. 신학교 땅을 매입하고 건물을 건립하는 데도 큰돈이 들지만, 학교가 세워지고 난 이후에도 매달 꾸준히 운영비가 들었다. 이 선교사는 기도편지에서 교수진과 교직원의 월급, 학생들의 식비 그리고 학업 관련 물품비 등 매달 고정적으로 2011년 기준하여 미화 2,000불에서 3,000불 정도가 필요하다고 했다. 이 돈이 물론 적은 액수는 아니지만 학교 운영비로 고려한다면 아주 큰 금액도 아니다. 그러나 학교는 늘 재정적으로 힘들었다.

이 선교사는 기독교 목회자를 양성하는 이 일의 중요성을 잘 알았기에 재정적 어려움에도 학교 운영을 포기 할 수 없었고, 여러 곳에 선교 후원금 요청을 할 수밖에 없었다. 교회와 선교단체에 네팔 신학교의 사정을 잘 설명하고 힌두 문화권인 네팔에서 기독교 목회자와 사역자 양성의 중요성을 강조하며 선교 후원금을 요청하였다. 그는 2003년도 총회 선교부로 보낸 기도편지에서 교수들의 월급이 몇 달째 밀렸다고 도움을 요청하였고, 후원을 중단한 한국의 몇 몇 교회들과 선교단체들에게 다시금 후원을 부탁하는 서신도 보내겠다고 전했다. 2011년 기도편지에서는 꾸준히 지원하던 교회도 담임 목사가 은퇴하거나 바뀌게 되면서 후원이 중단

되는 경우가 있다고 했다. 그는 그런 상황이 한편으로 이해가 되기도 하지만 한편으로는 마음이 힘들다고 기도편지에서 밝혔다. 늘 아쉬운 소리를 해야 했지만 달리 다른 방법은 없었다. 다시 마음을 잡고 새로운 분들에게 신학교 사역에 대하여 말씀드리며 선교에 동참해 주기를 간곡히 부탁드리는 수밖에는 없었다. 뜻을 함께하며 꾸준히 선교에 동참하기를 요청한다는 것이 결코 쉽지만은 않았다.

건강의 어려움

2000년대에 들어서면서부터 이 선교사의 건강이 서서히 나빠지게 시작했다. 2002년 9월에 그리 심각하지 않은 뇌졸중(a mild stroke)이 있어 물리 치료를 하려고 했다. 그러나 그 해 12월 25일 오후에 심장 마비가 와서 수술을 하게 되었다. 다행히도 회복은 빨랐다. 그리고 2003년에는 콜레스테롤 수치가 높고 고혈당이 있어 다이어트를 하며 관리했고, 2004년에는 눈에 문제가 생겨 백내장과 망막 수술을 했다. 이후로도 눈은 계속 나빠졌다. 그의 시력이 점점 나빠지고 있다는 것은 신학교에 있는 이 선교사의 유품 가운데 그가 사용했던 돋보기 안경이 점점 두꺼워져 갔다는 것을 통해서도 알 수 있다. 안경알이 두꺼워질수록 시력은 점점 나빠져 갔다. 2009년부터는 당뇨와 신장에 문제가 생겼고 이 문제로 투석과 약으로 지탱하였다. 이것이 더 악화되어 2012년에도 자주 입원을 하게 되었고 신장 이식 수술도 계획하고 있었다.

그는 기도편지에서 잦은 병원 입원으로 그의 삶이 참으로 힘들다고 했다. 선교 사역에 열의를 가지고 마음껏 열심히 추진하고 싶었지만 건강이 그의 발목을 잡고서 허락지 않았다. 그는 건강의 회복을 위해 참으로 많은 기도를 했지만, 늘 사역에 가시가 되었다. 병마와의 싸움 가운데서도, 그리고 2012년 말에 총회 은퇴를 두고 있는 상황에서도 그는 자신이 70세가 될 때까지 5년 정도는 더 일하고 싶다는 작은 소망도 가져 보았다.

박해와 위협의 어려움

이 선교사가 네팔에서 사역을 시작한 1980년대에는 네팔이 오랜 외교 단절 정치를 마치고 문호를 개방한 지 30년 정도가 지난 시점이었다. 네팔은 오랜 기간 다른 나라와 교류를 차단하며 자신들의 힌두교 왕국을 더욱더 강화하며 살아왔다. 그리고 힌두교 특성상 모든 종교의 신을 받아들이는 다신교의 성격을 가지고 있었기에, 불교의 부처 역시 힌두교의 하나의 신으로 받아들였다. 그리하여 네팔에서 힌두교와 불교는 큰 마찰이 없이 지내는 편이다. 그러나 기독교와는 이야기가 다르다.

유일신 개념을 가지고 예수 외에는 구원이 없음을 강조하는 기독교는 네팔 힌두교인에게 미움의 대상이 되었다. 네팔 정부는 네팔에 거하는 외국인이나 외국인이 운영하는 단체들에게 절대 선교를 할 수 없다고 경고했고, 내국인 역시 다른 네팔인을 개종하려는 행위를 하거나 기독교를 전파한다면 법적인 처벌을 받게 했으며, 감옥에 구금하기까지 했다. 그리고 한 개인이 기독교로 회심하면, 그는 다른 힌두교 가족들에게 핍박을 받고 다시 힌두교로 돌아올 것을 강요당했다. 그렇게 하지 않을 때는 그는 가족 공동체에서 추방되었다. 네팔은 대부분 씨족이나 부족으로 구성된 마을 공동체로 형성되었기에, 기독교로 회심했다는 소문이 돌면 그는 그 마을에서 더 이상 살 수 없게 되었다. 그리스도인이라는 이유만으로 마을 사람들에게 박해를 받고 교회 또한 핍박의 대상이 되어 불에 타기도 했다.

현재도 여전히 선교나 개종 행위를 법으로 규제하는 반개종법이 네팔에서 실행되고 있지만, 그리스도인의 수가 증가하고 교회가 성장하면서 과거에 비해 핍박은 덜한 편이다. 그러나 이 선교사가 사역할 당시에는 기독교에 대한 박해가 매우 심했다. 특히 외국인이 들어와서 무언가를 하면 시선이 집중되었고 기독교를 전파하는 것이 아닌가 하여 주요 관찰 대상이 되었다. 이 선교사 역시 네팔 사람들의 주요 관찰 대상자였다. 그들에게는 외국인이 들어와서 건물을 세우고 기독교를 가르치고 전파하는 것이 눈에 거슬렸다. 이런 이유로 지역 주민들과 마을 유지(有志)들은 자주 이 선교사를 찾아와 떠날 것을 경고했고 그렇게 하지 않을 때는 위협을 가하겠다고 협박했다. 프라까스 학장에 따르면 그들은 이 선교사를 관청에 고발하기까지 했고, 이 선교사는 그 일 때문에 자주 경찰서로 불려 가서 그가 하는 일에 관하여 자세히 진술해야만 했다고 한다. 누군가로부터 감시와 협박을 받는 것도 온전히 그가 감당해 내야 할 몫이었다.

동료 선교사들과의 갈등

어려움은 외부에서만 오는 것이 아니었다. 이 선교사가 네팔에 선교사로 온 이후로 한국에서 선교사들이 들어오기 시작했고 그 수는 조금씩 늘어났다. 다들 귀한 사역을 하는 선교사들이었지만 다른 선교지에서처럼 네팔에서도 선교사들 간에 갈등이 있었다. 서로의 부족한 이해와 오해에서 시작되었다. 이런 좋지 못한 모습은 결국 교회와 선교단체들에게 선교사에 관한 좋지 못한 이미지를 만들어 냈다.

1993년 신학교를 조성하는 문제로 한국에 잠시 들어와 있는 동안, 동료 선교사들과의 갈등으로 인한 좋지 못한 일이 네팔에서 벌어졌고, 이 선교사는 이 일로 많이 힘들어했다. 그는 1995년에 쓴 기도편지에서, 이런 일들이 외부와 내부에서 발생하는 사탄의 방해라는 것을 잘 알지만 쉽게 화해되지 못하고 오히려 불신과 오해만 커져 갔다고 했다. 이것은 결국 사역의 힘만 뺄 뿐이었다. 온 힘을 다해 사역에 매진해도 모자랄 판에, 이런 갈등은 참으로 서로를 힘들게 했으며 아픈 상처만 남겼다. 이 선교사는 이 일 때문에 참으로 힘든 시간을 보내야만 했다.

동료 선교사들의 죽음을 보며

그렇다고 동료 선교사들과 어려움만 있었던 것은 아니었다. 그들로 인하여 감사하며 즐겁고 기쁠 때도 많았다. 네팔의 복음화라는 한 목표를 향해 달려갈 때 서로 위로하고 함께하는 그 자체가 힘이 되었다. 그러나 어느 날 안타깝게도 비행기 TG311 Thai Airways편이 추락했다는 소식이 들렸다. 그 비행기에는 의료 선교를 위해 네팔로 오던 故 홍사옥 선교사가 타고 있었다. 그리고 미국 침례교 선교사 7명, 이 선교사의 아들과 같은 학교 반 친구인 일본 아이도 타고 있었다.

이 사고는 특히 네팔 선교사들에게 큰 충격을 안겨 주었다. 같은 처지에 있는 그들에게 이 일은 남의 일 같지 않았다. 네팔인들을 생각하며 헌신하는 마음으로 네팔 행 비행기에 몸을 실은 그들을 생각하면 정말로 가슴이 미어졌다. 큰 충격을 받고 이 일을 지켜보면서 이 선교사는 많은 생각에 잠겼다. 이런 일이 자신에게도 일어날 수 있다는 두려운 생각에 사로잡히거나 의기소침해지지 않기로 마음먹었다. 오직 주님께서 부르시는 그날까지 죽을 각오로 선교에 임해야겠다고 그는 다시 한번 더 다짐했다.

인도 선교사? 네팔 선교사?

많은 사람들은 이 선교사에게 "당신이 인도 선교사인가요? 아님 네팔 선교사인가요?"를 자주 질문했다. 이 선교사에게는 이것이 그리 중요한 일이 아니었지만 사람들은 궁금해했다. 왜냐하면 이 선교사가 총회 파송 때는 인도로 파송을 받았다가 선교 사역은 네팔에서 하고 있었기 때문이기도 했고, 이 선교사가 자신을 인도·네팔 선교사로 자주 소개했기 때문이기도 했다. 이 궁금한 질문에 대해 이 선교사는 1990년 기도편지에서 이렇게 정리했다. "인도로 파송받아 갔지만 소속되어 일하던 인도 복음선교회에서 네팔 카트만두(Kathmandu)로 사역지를 제안했다. 그리고 그 제안을 1992년 총회에 건의했고 총회는 그렇게 하도록 허락했다."고 설명했다.

네팔과 인도가 접경되는 실리구리(Siliguri), 수나울리(Sunaulli), 고락푸르(Gorakpur), 럭서울(Raxwal)에는 네팔인들이 비자 없이 국경을 넘나들 수 있었고, 이 선교사는 이 지역에서 주로 선교 사역을 하였다. 이 지역에는 인도인과 네팔인이 섞여 있었고 다양한 언어가 병행되어 사용되고 있었다. 실리구리는 한때 네팔의 영토였지만 영국과의 전쟁으로 빼앗긴 지역이었다. 비록 현재는 인도 영토가 되었지만 그래도 그곳에는 많은 네팔인들이 거주하고 있다. 그곳에는 인도 선교 사역자들과 기관들이 밀집되어 있고, 카트만두와 캘커타(Calcutta) 사이에 위치하고 있어 선교 요충지가 되기도 한다. 이런 지역의 특성 때문에 그곳에는 기독교 인구가 급증했고 힌두교인들을 위하여 성경신학교(Hindustan Biblical Seminary)도 세워졌다.

이 선교사는 이곳에 네팔 신학교 분교를 세울 계획을 가질 만큼 네팔인들에 대한 애착이 컸다. 선교 초기에 국경 접경 지역에서 사역하며 많은 네팔인들을 만났고 그들을 만나면서 네팔 신학교 건립에 대한 계획을 가지게 되었다. 그러면서 점점 더 네팔 선교에 집중하게 되었다. 인도 선교사인지 네팔 선교사인지 많은 사람들이 궁금해서 이 선교사는 해명 아닌 해명을 하긴 했지만, 하나님께서 부르시고 허락하시면 선교지 어디나 가는 자들이 선교사가 아니던가! 이것이 네팔로 이끄신 하나님의 자연스러운 인도하심이었다고 생각하면 가장 간단히 해결될 문제였다.

네팔 지진

2015년 전 세계를 놀라게 한 지진이 네팔에서 발생했다. 대지진 이후 여진이 계속 있었다. 지진으로 인해 네팔장로회신학교는 내부에 금이 가고 외부도 조금 부서졌다.* 여진이 계속 일어나 건물 내부에 있을 수 없어서 학생들은 잠을 잘 때에도 건물 밖 학교 공터에서 잤다. 그러나 이 기간이 길어지면서 학교에서는 학생들을 자신들의 고향으로 보냈고, 학교에는 학장 부부만이 학교 마당에서 텐트를 치고 지냈다. 이 선교사는 큰 지진이 일어날 때 병원 치료차 해외에 나가 있었기 때문에 당시 네팔에 없었다. 2015년 기도편지에서 이 선교사는 여진이 점차 줄어들면서 여름 방학 후 새 학기 때는 42명의 학생들이 다시 학교로 돌아왔다고 했다. 그

리고 다행히도 네팔 신학교에는 큰 피해가 없어 학생들이 돌아와 공부할 수 있게 되었다고 감사의 마음을 전했다. 또한 그는 지진으로 인해 많은 사람들이 죽은 것을 보았고, 그것을 지켜보며 한 치 앞도 모르는 인생에 하루 빨리 복음을 전해야겠다는 생각이 들어 그로 인해 마음이 급해진다고 전했다.

4장

어려움을 이기게 하시다

＊

사랑하는 가족 이야기

선교지에서의 삶을 살아가고 예상 밖의 어려움을 만나도 이를 이겨 낼수 있는 것은 사랑하는 가족이 있기 때문이다. 이 선교사는 1978년 천정희 선교사와 결혼해서 슬하에 1남(이태은) 1녀(이현미)를 두었다. 1982년 그는 아내와 만 4세인 어린 아들 태은이와 함께 선교지에 도착했는데, 당시 어린 아이와 함께 낯선 곳에서 적응해 나가기가 무척 힘들었다고 했다. 특히나 사역을 나갈 때마다 가족들을 데리고 다니는 게 여간 힘든일이 아니었다고 했다.

선교 초기에 요령 없이 서툰 이 선교사를 지켜본 선교 동역자 아라빈다 데이(Arabinda Dey)는 이 선교사에게 이런 이야기를 해 주었다. 그는 미얀마에서 선교를 한 아도니람 저드슨(Adoniram Judson)을 언급하면서, 그와같이 선교지에서 아내와 아이들을 잃지 않기 위해서는 가족들을 안전한곳에 두고 혼자 다니라는 조언을 해 주었다. 그것은 사역에 꼭 필요한 조언이었다. 인도와 네팔의 교통편은 매우 열악하였고 외국인이 다니기에는 특히나 더 위험한 곳이 많았기 때문이었다. 그 이후로 이 선교사는 장거리 사역을 나갈 때는 주로 혼자 다녔다.

또 다른 조언자, 잠무-카쉬미르복음회(Evangelical Association of Jammu Kashmir) 회장은 선교사 신분이 드러나지 않게 여행자 무리에 섞여 다니는 방법을 알려 주었고, 이 선교사와 가까운 친구 사이인 카디하리(Katihati)라는 핀란드(Finland) 목사는 인도에서 인도 시민권을 받아 아이들을 차에서 낳고 기르며 사역했는데, 그의 헌신적인 사역 모습 또한 이 선교사에게 큰 도전을 주었다.

이런 조언들을 받으며 이 선교사가 선교 사역에 어느 정도 적응할 즈음 그의 가정에 둘째 현미가 태어났다. 그렇게 서서히 이 선교사 가족은 그곳 생활에 익숙해져 가며 정착하였고, 이 선교사는 인도와 네팔을 오가며 선교에 집중하였다. 그는 어른도 적응하기 힘든 어려운 환경에서도 잘 자라 준 아이들에게 늘 고마웠다. 풍토병으로 아이들이 고생한 적도 있지만 그래도 잘 자라서 2002년 당시 아들은 대학원 진학을 준비했고, 딸은 고등학교를 수석으로 졸업해 미국 바이올라대학교(Biola University)에 전액 장학금 학생으로 입학 허가를 받았다. 선교지 환경에서 잘 성장해 준 아이들이 그는 무척 자랑스러웠다. 그리고 무엇보다 이 모든 힘듦을 함께 이겨 내며 가정을 지켜 준 아내 천 선교사에게도 항상 감사했다. 2002년 기도편지에서도 이 선교사는 가족은 힘든 선교 사역 가운데 늘 힘이 되고 안식이 되는 존재라고 고백했다.

재미있는 벤따(Bhenta) 에피소드

선교지에서 간혹 일어나는 재미있는 일은, 사람들이 한바탕 시원하게 웃으며 어려운 고비를 넘길 수 있도록 도와준다. 이 선교사가 기도편지에서 나눈 벤따 이야기가 그렇다. 신학교 교정 한쪽에 식재료를 사용하려고 채소를 심었다. 네팔의 7월은 우기에 속하여 비가 많이 내려 덕분에 채소가 잘 자라 키우는 재미가 있을 뿐만 아니라, 재정 지출을 조금이라도 줄이기 위해 한 일이었다. 주로 학생들이 가꾸었고, 그곳에서 난 채소는 교직원과 학생들의 식사를 풍성하게 했다.

벤따는 한국식으로 생각하면 가지와 비슷한 채소인데 3월에 심는다. 교정에 심은 벤따가 무성히 자라 많이 열렸고 다 자란 벤따는 커리로 만들어 먹었다. 그렇게 벤따는 몇 달이나 반찬으로 식탁에 올랐다. 학생들이 질릴 정도였다. 그런데 어느 주일에 예배를 드리고 돌아와 보니 무성하던 벤따 넝쿨이 시들어 가고 있었다. '어찌 된 일인가?' 가까이 가서 보니 누군가가 뿌리 부분을 칼로 잘라 놓았다.

벤따를 심은 프라까스 학장과 그의 아내는 깜짝 놀랐고 무척이나 서운해했다. 나중에 알았지만 벤따 커리가 너무 질려 먹기 싫은 한 학생이 저지른 일이었다. 누구의 소행인지 학생들도 교수들도 다 알게 되었고 그 학생은 미안함에 고개를 들지 못했다. 그러나 아무도 그에게 뭐라고 하지 않았다. 왜냐하면 다들 그 이유를 잘 알고 있었기 때문이다. 2003년 기도편지에서 이 선교사는 이 일로 자신이 미래의 네팔 기독교 사역자들을 풍부한 재정으로 잘 먹이지 못한 것에 많이 미안하고 마음이 아프다고 했다. 그럼에도 그런 와중에 감사할 것이 있었는데, 그것은 입학 초기 대부분 야위어 보였던 학생들이 졸업 때는 건강해진 모습으로 졸업하게 되었다는 것이다. 그는 그것이 아마도 성경의 다니엘의 방법이 아닐까라고 생각하며 혼자서 웃었다고 전했다.

든든한 동역자, 프라까스

이 선교사의 무모한 도전 같았던 신학교 건립이 결국 이루어졌고 이 학교를 통해 현재까지 많은 신학교 목회자와 사역자가 배출되었다. 네팔인의 작은 성경 모임에서부터 시작해 신학교 형태를 갖추어 건물이 세워지고 학생과 교수진이 채워지면서 그렇게 운영되어 가고 있는 것은 온전한 하나님의 도우심이었다. 배출된 졸업생들은 현재 네팔 기독교의 중요한 지도자 위치를 맡고 있거나 각자의 사역지에서 교회를 세우고 열심히 사역 중에 있다. 그렇게 개척하여 세운 몇몇의 교회는 부흥하여 많은 그리스도인이 참석하는 대형 교회가 되기도 했다.

졸업생들 중 몇몇의 근황은 다음과 같다. 라이(Noah Jimmy Rai) 목사는 Church of God Ministries에서 디렉터를 맡고 있고, 라마(RinZi Lama) 목사는 Nepal Anglican Mission에서 회장을 맡고 있다. 아차마이(Prem Achamy) 목사는 Nepal Victory Bible College에서 학장직을 수행하고 있고, 무르무

(Esaw Murmu) 목사는 Emmanuel Ministries에서, 라나(Prakash Rana) 목사는 Christ Worship Centre Ministries에서 담임 목사직을 맡고 있다. 이외에도 산악 오지 마을이나 시골에 가서 교회를 세우고 복음을 전하는 자들이 많이 있다. 이들은 네팔 신학교의 열매들이다. 그들을 통하여 많은 네팔인들이 복음을 듣고 영접하였고, 그들로 인해 교회가 개척되었다. 현재 네팔 기독교는 부흥하고 있다. 이 선교사는 현장에서 열심히 복음을 전하는 신학교의 열매들이 정말 자랑스러웠다.

이런 열매들을 맺기까지는 이 선교사에게 큰 힘이 되어 주었던 현지인 동역자 프라까스가 있다. 네팔은 이 선교사에게 선교지이고, 이 선교사는 그곳에서 외국인이었기에 선교 사역을 진행함에 있어 현지인의 도움이 절실히 필요할 때가 많았다. 이 선교사는 자신이 프라까스와 같은 신실한 현지인 동역자를 만난 것이 큰 복이라고 생각했다. 프라까스는 현재도 학장직을 맡으며 학생과 교수진 그리고 교직원을 잘 이끌어 가고 있으며, 외국인 선교사가 감당하기 힘든 부분을 현지 네팔인으로서 잘 맡아 주고 있다. 이 선교사에게 프라까스는 정말 든든한 동역자였고 모든 것을 믿고 신뢰할 만한 사람이었다.

그렇다면 프라까스가 기억하는 이 선교사는 어떤 분일까? 이 선교사와의 첫 만남에서부터 함께 동역하게 된 이야기를 프라까스에게서 들어보았다. 프라까스는 2000년 네팔에서 공산당 폭동이 일어나던 시기에 네팔 신학교 관계자의 소개로 이 선교사가 세운 신학교에서 가르치게 되었다. 그는 일주일에 두 번씩 방문하는 방문 교수로 가르쳤는데, 이후 그 학교 관계자는 프라까스에게 방문 교수가 아닌 3년 계약직으로 전환할 것을 제안했다. 이 계약을 위해 프라까스는 처음으로 이 선교사를 만나게 되었다. 이것이 그들의 첫 만남이었다.

프라까스는 점차적으로 계약직에서 전임직으로 일하게 되었다. 이때부터 프라까스는 이 선교사와 긴밀하게 동역하게 되었다. 성실하게 일하는 프라까스를 지켜보며 이 선교사는 점점 더 그를 신뢰하게 되었다. 학교 운영을 온전히 맡길 만큼 신뢰하게 되었고, 학교 설립자와 교직원과의 동역자 관계를 넘어 아버지와 아들의 관계만큼 깊어졌다. 프라까스는 2009년부터 2012년까지 이 선교사가 병마로 힘들고 재정 지원도 잘 되지 않아 학교가 아주 힘든 시기를 거칠 때도 그는 학교를 떠나지 않았다. 힘겹게 운영하며 버텨 준 신실한 사람이었다. 병원 치료로 많은 시간을 학교에 있을 수 없었던 이 선교사는 신실한 프라까스가 학교를 잘 운영해 나가고 있음에 한편으로는 마음이 놓였다.

오랫동안 이 선교사와 가까이 지내며 그를 지켜봐 온 프라까스는 설문에서 이 선교사를 열정과 미래의 소망을 품은 비전이 충만한 사람으로 기억했다. 그리고 네팔인들을 위해 헌신하는 기도의 사람이라고도 했다. 무엇보다 이 선교사와 함께 기도하고 성경 공부하며 신학교 발전을 위해 논의했던 일이 그와의 좋은 기억으로 남는다고 했다. 거대한 비전을 품고 네팔을 위해 신실히 헌신하며, 네팔인들의 가능성을 보고 자신을 희생한 사람으로 이 선교사를 그의 가슴에 간직하고 있다고 전했다.

5장

신학교를 이어 가게 하시다

네팔 신학교의 이양 사업과 과정

건강이 좋지 않았던 이 선교사는 2003년 1월 9일 총회로 보내는 기도 편지에서 신학교를 맡아 운영할 총회 교단 선교사를 찾고 있음을 밝혔고 신학교 이양을 위해서도 기도를 부탁했다. 그는 자신의 건강 상태가 계속 나빠지고 있고 은퇴식도 얼마 남지 않았기에, 미리 이양 준비 작업을 하는 것이 좋겠다고 생각했다. 그러나 이양의 뜻을 밝히며 선뜻 나서는 사람과 단체가 없었고, 시간은 그렇게 흘러갔다.

2011년 당시 (청주) 서남교회 오무웅 장로와 지역 목회자 7~8분이 네팔 단기 선교 여행 중이었다. 여행 중 일정에 없던 이 선교사가 세운 신학교를 방문하게 되었다. 당시 학장이었던 프라까스는 학교에 대해 브리핑하는 도중 내년에는 학교 재정 상태가 정말 나빠져 폐교할 생각을 가지고 있다고 전했다. 그동안 이 선교사가 여러 방면으로 후원금을 모았지만 많은 후원처가 후원을 중단한 상태였고, 또 이 선교사의 건강이 안좋아지면서 새로운 후원처도 더 이상 생기지 않았다. 그리하여 7~8년 동안 학교는 아주 어렵게 운영되었고 이제는 더 이상 버틸 힘이 없게 된 것이었다. 이런 상황을 들은 선교 여행단은 매달 학교 운영비가 얼마인 지를 물었고, 한화로 300만 원 정도가 든다고 듣게 되었다.

한국과 비교할 때 학교 운영비로서는 아주 큰돈이 아니었음에도 불구하고, 어렵게 네팔 땅에 세워진 신학교가 재정이 없어 문을 닫을 지경이 되었다는 이야기를 듣고서 오 장로와 지역 목회자들은 너무나도 가슴이 아팠다. 이런 이야기를 전해 듣고서 그들은 한국으로 돌아왔고, 이후 고심과 의논 끝에 신학교 운영을 맡기로 결정했다. 특히 오 장로는 이 신학교 사역은 중단되지 않고 이어져 가야 한다고 생각했기에, 팔방으로 뛰면서 선교 후원교회와 후원자들을 모으기 시작했다. 그리고 신학교가 계속 운영되는 방안을 고민하기 시작했다.

이후 2012년 9월 이 선교사는 병 치료차 한국에 들어왔다. 그리고 그해 10월 25일 이 선교사 부부와 당시 서남교회 당회장인 김원영 목사, 서남교회 선교 책임자인 오무웅 장로, 총회 세계선교부 총무 이정권 목사 그리고 총회 네팔 현지 선교 회장인 김정근 선교사가 함께 모였다. 그리고 네팔신학교 이양 협약서를 체결하였다. 협약서 내용을 요약하면 네팔신학교의 학교 운영권이 어떠한 조건 없이 그대로 가칭 '네팔선교회'로 이양되는 것이었다.

1980년대 척박한 힌두교 왕국인 네팔 땅에 들어가 신학교를 개척하고 30년 동안 전심전력을 다해 사역한 곳을 어떠한 조건도 없이 이양한다는 것은 그리 쉬운 일이 아니었다. 물론 신학교가 하나님 나라를 세워 가는 일이 너무도 당연하지만 인간의 욕심이 이를 거슬러 문제를 일으키는 선교사들도 간혹 있기 때문이다. 이런 선교사들 중에는 사역의 열매들을 내가 이룬 사역, 내 피와 정성이 담긴 곳으로 생각하여 이양하지 않거나 세습하는 등 이와 관련한 많은 문제들이 발생하기도 한다. 게다가 그것이 돈과 관련된다면 문제가 더 심각해진다. 이런 일들은 심심찮게 선교지에서 일어난다.

그러나 이 선교사는 그렇게 하지 않았다. 그는 어떠한 재정적인 것이나 기득권을 주장하지 않았다. 신학교도 사유화하지 않았다. 그는 오직 선교의 주인이신 하나님의 주 되심을 인정하는 자는 하나님의 사역을 개인화하고 사유화할 수 없다고 생각했기 때문이다. 오로지 그는 이 모든 선교 사역의 주인이 예수 그리스도임을 선포했고 그분의 선교를 종으로 수행했을 뿐이라고 고백했다. 그는 단지 신학교를 맡아 줄 '네팔선교회'에 감사할 따름이었고 하나님께서 신학교를 중단치 않으시고 이어 나가게 하심에 감사했다.

단지 이 선교사 부부가 부탁한 한 가지가 있었는데, 그것은 네팔을 방문할 때마다 지낼 신학교 건물에 작은 방 하나였다. 이것은 단순히 그들이 지낼 방이 필요해서 부탁한 것이 아니었다. 고향과 같고 평생의 열정을 쏟은 학교에 자신들의 마음을 담고 또 그 마음을 남겨 둘 방 하나가 필요했던 것이다. 어려운 부탁이 아니었다. 흔쾌히 승낙되어 협약서 마지막 항목에 이 부탁이 추가되었다. 이후 이양 작업은 신속히 진행되어 2012년 12월 25일 네팔선교회는 총회 발대식을 가졌고 본격적으로 신학교 이양에 착수했다.

조촐한 장례식

2012년 말, 이 선교사는 총회 파송 선교사로서 정년 은퇴했다. 그는 70세가 넘어서라도 일을 더 하고 싶었지만 야속하게도 그의 건강이 그것을 허락지 않았다. 병세는 더 악화되어서 2018년 4월 21일 가족이 있는 미국에서 천국으로 가셨다. 류BS 선교사에 의하면 장례식은 아내 천정희 선교사가 새벽 기도로 다니던 토렌스(torrance)교회 목사의 집도 아래 진행되었다고 한다. 장례식에는 약 20명 정도 참석했고 아내 선교사와 딸 내외 그리고 나머지는 교회 관계자들이 참석했다.

아내 천 선교사가 전하길 자신과 딸은 이 선교사의 유해를 모실 작은 묘지를 마련하길 원했지만 한화로 200만 원 가량의 비용이 없어 그렇게 할 수 없었다고 했다. 가장 비용이 적게 드는 유골을 바다에 뿌리는 방법 외에는 다른 선택의 여지가 없었다는 것이다. 그렇게 이 선교사는 하나님 곁으로 갔다. 천 선교사는 남편 이 선교사를 천국으로 보내고 2년 동안 매우 힘든 시간을 보냈다고 했다. 그럼에도 이 선교사와 함께해 온 네팔 선교를 돌아보며 그 모든 것이 다 하나님의 은혜이고 그저 모든 것이 감사할 뿐이라고 고백했다.

불모지인 네팔에서 신학교 설립의 큰 비전을 품고 기독교 사역자 양성에 전 생을 바친 이 선교사의 장례식은 그가 네팔에서 한 수고에 비해서 매우 소박했다. 물론 그의 돌아가심을 슬퍼하며 네팔장로교신학교, 네팔선교회, 그리고 대한예수교장로회 총회에서도 조의를 표하고 추모식을 치렀지만 그의 마지막은 너무 간단하기 그지없었다. 조촐했던 그의 장례식을 뒤로 하고 천국에서 안식하고 있을 이 선교사를 그려 본다.

계속 이어지는 네팔장로회신학교

하나님은 이 선교사에 이어서 네팔선교회를 통해 신학교를 계속 이어
가게 하셨다. 2013년 네팔선교회가 신학교 운영의 책임을 맡으면서 학
교의 명칭이 네팔신학교(Nepal Theological Seminary)에서 네팔장로회신학교
(Nepal Presbyterian Theological Seminary)로 변경되었다. 변경하게 된 데는 몇
가지 이유가 있지만 무엇보다 이 신학교가 대한예수교장로회 총회(The
Presbyterian Church of Korea) 통합 교단의 소속 교회와 성도들의 후원에 의해
운영되고, 그들로 하여금 같은 교단의 신학교 선교에 동참하고 있음을
알게 하기 위함에서 변경하였다. 신학교 운영을 맡은 네팔선교회는 협약
서에 따라 매달 미화 3,100불을 학교 운영금으로 보내고 있다.

네팔선교회의 책임자로 헌신하고 있는 오무웅 장로에 따르면 그는 이
선교사가 돌아가시기 전까지 전화와 이메일로 네팔장로회신학교에 관하
여 의견을 나누고 일을 진행시켜 나갔다고 한다. 오무웅 장로는 우선적
으로 학교 후원금을 위해 여러 후원 교회와 개인 후원자를 모집했고, 자
신도 매달 선교 후원금의 삼분의 일 정도 되는 금액을 3년 동안 헌금하기
로 작정했다. 이후 그의 지인 한 분도 삼분의 일 금액, 다른 한 분 역시도
매달 30만 원의 금액을 약정 헌금해 주었다. 이를 시작으로 2013년부터
2020년 현재까지 44개의 후원 교회와 30여 명의 개인 후원자들이 헌금을
하고 있다. 특히 개인 후원자들은 신학생 한 명과 연결되어 매달 학비 지

원금 명목으로 지원하고 있다.

감사하게도 중간에 후원을 중단하는 교회나 후원자는 없다. 네팔선교회는 2013년부터 현재까지 지속적으로 선교 후원에 동참하는 교회와 개인 후원자들에게 매달 소식지를 보내고 있기 때문이다. 그 소식지에는 선교지와 신학교의 생생한 소식과 후원자들의 후원 금액의 결산 보고가 있다. 매달 선교지의 새로운 소식을 전하며 동참 의식을 부여했고 재정을 투명하게 오픈하여 진행하고 있음을 알렸다. 꾸준히 선교에 동참하는 그들이 있기에 네팔장로회신학교의 운영은 이어지고 있다. 그리고 네팔선교회의 책임을 맡고 후원 교회와 후원자들을 모으며 매달 소식지를 작성하여 전달하고, 현재까지 꾸준히 책임감 있게 최선을 다하고 있는 오장로는 하나님께서 보내신 또 다른 일꾼이다. 네팔장로회신학교를 위해 곳곳에 하나님께서 준비한 자와 주의 종으로 헌신한 자들로 인하여 네팔장로회신학교는 계속 이어지고 있다. 정말 감사할 일이다.

네팔선교회의 본격적인 지원 사역

네팔선교회는 선교회를 조직하고 후원처를 모집한 이후, 오랫동안 방치되어 있던 학교를 재정비하는 일에 몰두했다. 네팔선교회와 총회는 2015년 10월부터 최HC 선교사를 네팔장로회신학교 이사로 세워 현지 네팔로 파송했고 신학교의 일을 담당케 했다. 최 선교사는 네팔 신학교의 프라까스 학장과 함께 동역하면서 학교를 재정비하기 시작했다. 구관 건물은 리모델링하고 신관 건물은 새롭게 건축하는 일에 착수했다. 그는

네팔 현지에서 한국의 네팔선교회와 현지 네팔장로회신학교를 연결하는
중간 역할을 잘 감당하고 있다.

학교의 대대적인 보수와 신축 공사

오랫동안 선교 후원금이 원활하지 못해 학교 시설물이 7~8년 가까이
보수 없이 그대로 방치되면서 손볼 데가 여러 군데 많이 드러났다. 구관
건물이 많이 낡아 전체적인 보수가 필요했고 학생들의 기숙사를 위한 새
로운 건물도 지어야 하는 상황이었다. 비록 병상에 있었지만 학교 재정
비 소식을 전해 들은 이 선교사는 신학교의 교수진과 학생들이 늘어남에
감사했고, 특히 학교 시설물이 개보수되어 학생들이 조금 더 학업에 매
진할 공간이 만들어지고 있음에 감사했다. 일이 진행되어 가는 상황을
지켜보던 이 선교사는 2013년 기도편지에서, 선교는 항상 하나님께서 앞
서서 해 주시는 것이라 생각하며 감사 기도를 드렸다고 했다.

네팔장로회신학교의 대대적인 보수와 신축공사 이야기는 네팔선교
회에서 이 일에 책임을 맡고 진행한 오 장로로부터 생생하게 들을 수 있
었다. 우선 네팔선교회는 많이 낙후된 도서관을 재 건립하기로 했다. 학
생들이 학업을 위해 가장 많은 시간을 보내는 도서관은 학교의 중심과
도 같았기 때문이다. 네팔선교회는 시설과 책들을 재정비하며 학생들이
이용하기에 편리하도록 리모델링했다. 그리고 대부분이 먼 지방에서 오
는 학생들이어서 기숙사 생활은 필수였음에도 기숙사관이 매우 낙후되
어 있어 새 침대로 교체하고 낡은 부분도 보수하였다. 또한 네팔은 식수

를 중앙 방식이 아니라 개인 가정에서 땅을 파고 물을 끌어 올려 사용했는데, 그런 시스템 때문에 학교의 물 공급이 원활하지 못해 더 많은 생활용수를 공급하기 위한 공사를 진행하였다.

또 다른 문제는 전기였다. 네팔은 전기 공급이 매우 심각한 수준이다. 전력 부족으로 하루 24시간 기준 심할 때는 7시간 정도만 전기가 들어올 때도 있었다. 수력 전기를 이용했기에 우기 시즌에는 많은 강수량으로 그나마 건기에 비해 형편이 조금 나은 편이지만, 여전히 네팔 정부는 충분하지 못한 전기량으로 공급을 조절하며 통제하고 있었다. 전기가 끊긴 네팔의 밤은 칠흑 같은 밤이 무엇인지를 잘 알게 해 주었다.

이런 사정으로 네팔에는, 전기가 들어올 때 전기를 충전했다가 끊어질 때 그 전에 모아 두었던 전기를 쓸 수 있는 '인버터'(inverter)가 필요하다. 인버터는 고가이지만 학교는 그것이 반드시 필요했다. 그래서 네팔선교회는 인버터를 설치해서 전기가 공급되지 않을 때도 학생들이 시설을 이용하도록 해 주었다.

또 다른 하나는 학업에 필요한 노트북 제공이었다. 학교 컴퓨터실에서 학생들이 과제를 자유롭게 하도록 노트북 25대를 제공하여 학생들이 어려움 없이 잘 이용하도록 했고, 전자 도서도 볼 수 있게 했다. 이런 리모델링과 학교 자재 공급을 위해 3~4년 동안 매년 한화 1억 정도가 들었는데, 네팔선교회가 이를 다 감당했다. 이 일은 네팔선교회를 통한 선교헌금과 헌물 그리고 재능 기부로 헌신하는 후원자들이 있었기에 가능했다. 학교는 점점 학교다운 모습으로 변모해 갔고 안정적인 운영이 되기 시작했다.

신학교 부지의 법제화

학교에 또 하나 새롭게 정리해야 할 일이 바로 신학교 부지의 명의를 재정비하는 일이었다. 네팔은 외국인 명의로 땅을 구입할 수 없다. 이 선교사는 네팔 선교 초기에 자신이 머물던 현지인의 집주인인 무끈다 (Mukunda)와 좋은 친분 관계를 유지했다. 무끈다는 네팔 방송국에서 프로그램 진행자로 일하는 유명인이며 비그리스도인이다. 외국인 명의로 땅을 구입할 수 없으니 이 선교사는 집주인 무끈다와 파탄교회(Patan Church)의 멍글만(Mangalman) 목사 그리고 라젠(Rajen) 장로로 구성된 세 사람의 명의로 신학교 부지를 등록했다. 법적으로는 이 세 사람이 신학교 소유자가 되는 것이다. 그나마 3명의 명의로 한 것은 한 개인이 소유화하는 불상사를 막기 위한 당시 할 수 있었던 최선의 방법이었다.

네팔에서는 선교지 건물 매입을 현지인 명의로 한 것으로 인해 종종 문제가 발생되기도 한다. 이런 불상사를 사전에 방지하기 위해서는 이 부분이 반드시 정리되어야 했다. 네팔선교회는 이에 대한 대책 방안을 마련하기 위해 고심했다. 이 문제를 해결하기 위해 오 장로는 당시 미국에 있는 이 선교사와 여러 차례 통화했고 학장인 프라까스 학장과도 많은 논의를 했다. 신학교가 개인 소유화가 되는 것을 막기 위해 정말 지혜로운 방법이 필요했다.

네팔선교회는 토지 소유 명의자 3명의 현지인들을 만나서 상황을 설명하며 긴 설득과 동의를 구한 끝에 2018년 법적인 약속을 받아 내었다. 그들은 신학교 부지에 대하여 어떠한 권리 행사도 하지 않으며 대물림도

하지 않고, 그들 사후에 그들의 후손들조차도 어떠한 권리를 주장할 수 없으며, 오직 신학교 운영만을 위하여 사용되어져야 함에 모두 서명하고 동의하였다. 동의를 받아 내는 것이 쉬운 일은 아니었다. 그러나 후에 더 큰 문제를 방지하기 위해서는 반드시 해야 할 일이었기에 할 수밖에 없었다. 우여곡절 끝에 그들의 동의를 받았다. 그러나 네팔선교회는 이것에 그치지 않고 더 확실하게 이 일을 마무리 해야 한다는 생각이 들었다. 그래서 그들의 동의를 담은 내용을 변호사를 통해 공증받고 법원에 제출하여 등기까지 마쳤다. 법적인 절차가 깔끔히 끝났다. 하나님께서는 사전에 불미스러운 문제를 차단하려 이런 지혜를 주셨고, 또 큰 반대 없이 이 일이 순탄히 이루어져 나가게 하셨다.

현재 네팔장로회신학교는

프라까스 학장에 따르면 2020년 현재 학교의 상황은 다음과 같다. 학교는 신학 학사 과정과 석사 과정으로 이루어져 있고, 학생은 42명이 신학 학사(Bachelor of Theology) 과정에, 6명이 신학 석사(Master of Theology) 과정에 있다고 하였다. 두 과정의 학위는 ATS(Asia Theological Seminary)에 의하여 승인된다. 그리고 7명의 전임 교수, 5명의 파트타임 교수, 6명의 객원 교수, 4명의 교직원으로 구성되어 있다. 2020년까지 31회 졸업식을 거행했고, 졸업생은 300~350명 정도 되며 단기 코스 수료자까지 합하면 500~550명 정도 된다. 이중 100~150명은 남자 목회자들이다. 네팔장로회신학교는 점점 더 역사가 깊은 학교가 되어 가고 있다.

다른 신학교의 목표와 마찬가지로 네팔장로회신학교의 목표도 학문적 훈련과 목회의 실습을 통하여 잘 준비된 기독교 지도자를 양성하는 데 있다. 이 목표 아래 학교의 표어는 "와서 배우라, 그리고 가서 섬겨라(Come forth to learn, Go forth to serve)"로 오직 하나님께 영광(Soli Deo Gloria)을 돌리는 것이다. 최HC 선교사에 따르면 네팔장로회신학교는 현재까지 2번의 목사 안수식을 거행하였고, 2013년부터 목회자 재교육 목적으로 부흥 수련회를 2박 3일 가지고 있다고 하였다. 흩어진 졸업생 목회자들을 다시 모으고 함께 선교의 비전을 나누며 선교 동역자 의식을 다지는 수련회이다. 이 부흥 수련회는 회복과 재충전의 목적이 있고, 이때 신학 과목을 추가하여 재교육을 하는 목적도 가진다.

네팔장로회신학교의 미래

이 선교사가 터를 닦고 수고한 자리에 하나님은 놀라운 방법으로 사람을 보내어 학교를 계속 이어 가게 하셨다. 이것은 네팔 땅에 네팔장로회신학교가 계속 존재해야 하는 하나님의 뜻이라 할 수 있다. 학교는 점점 비전을 품고 미래로 나아간다. 네팔장로회신학교는 네팔의 주의 일꾼들로 인하여 소망함이 많다.

네팔에는 산간 지역이 많고 교통이 원활하지 못함으로 인해 많은 학생들이 신학 교육을 받고자 해도 쉽게 받을 수가 없다. 이런 어려움을 해결하고 신학 교육의 활성화를 위하여 네팔선교회는 지역마다 2년 정도의 커리큘럼 훈련 과정이 있는 '성서 학교'를 개설하고자 하는 비전을 가지고 있다. 그리고 교육을 더 받고자 하는 학생들에게는 성서 학교의 학업을 인정하여 네팔장로회신학교로 편입하게 하는 계획도 가지고 있다. 무엇보다 신학교 본연의 역할인 하나님의 일꾼들을 잘 훈련시켜 사역자로 파송하는 일에 열심을 다하는 것이 중요하다.

6장

'견고하며 흔들리지 말라' 하시다

이 선교사는 병세가 악화되기 전에 자신의 마지막 선교 사업으로 신학교를 한 곳에 더 건립하려는 계획을 가지고 있었다. 그는 여러 국경이 접한 곳에 여러 나라 학생들이 모일 수 있는 선교 요충지인 한 지역을 마음에 두고 있었고, 그 학교가 나아갈 방향도 계획하고 있었다. 신학교의 중요성을 잘 알기에 이 선교사는 늘 신학교 개척에 관심이 많았다. 물론 그 일은 그의 건강 악화로 이룰 수 없었다. 그는 늘 꿈꾸는 자로 비전을 품고 또 그 일을 위하여 기도하는 사람이었다.

프라까스 학장은 이 선교사가 살아 생전 그가 자주 인용하던 성경 구절을 알려 주었다. 그 말씀은 고린도전서 15장 58절이다. "그러므로 내 사랑하는 형제들아 견고하며 흔들리지 말며 항상 주의 일에 더욱 힘쓰는 자들이 되라 이는 너희 수고가 주 안에서 헛되지 않은 줄을 앎이니라". 이 선교사는 이 말씀을 자신에게 적용하고 묵상하며 나아갔다. 말씀처럼 그는 견고하고 흔들리지 않으며 항상 주의 일에 힘쓰는 주의 종이 되고 싶었다. 힘들고 지칠 때마다 이 말씀을 되뇌며 다시금 마음을 다잡았다. 어떠한 고난과 핍박과 어려움에도 흔들리지 말고 하나님의 부르심과 주신 소명으로 나아가려고 애썼다.

또한 그는 신학교 설립자답게 디모데후서 2장 1절에서 6절 말씀도 좋아했다. "내 아들아 그러므로 네가 그리스도 예수 안에 있는 은혜 속에서 강하고 또 네가 많은 증인 앞에서 내게 들은 바를 충성된 사람들에게 부탁하라 저희가 또 다른 사람들을 가르칠 수 있으리라. 네가 그리스도 예수의 좋은 군사로 나와 함께 고난을 받을찌니 군사로 다니는 자는 자기 생활에 얽매이는 자가 하나도 없나니 이는 군사로 모집한 자를 기쁘게 하려 함이라 경기하는 자가 법대로 경기하지 아니하면 면류관을 얻지 못할 것이며 수고하는 농부가 곡식을 먼저 받는 것이 마땅하니라". 신학교의 인재 양성은 그가 또 다른 사람을 가르치고 양육하며 제자 삼는 배가 운동이다. 그러하기에 모판의 역할을 하는 신학교는 중요하다. 모판에 모를 잘 길러 들판으로 보내고 그들이 자라 씨앗을 퍼뜨리고 또 퍼뜨려 열매를 맺게 된다.

이 선교사는 신학교를 두고 기도할 때마다 이 말씀들을 떠올리며 소망을 품고 기도했을 것이다. 비록 그는 지금 우리 곁에 없지만 그가 평생 설립하고 일군 학교가 우리 곁에 있다. 그의 눈물과 기도가 있는 그곳에는 힌두교가 만연한 사회를 복음으로 변화시킬 네팔의 주의 종들이 주의 군사로 거듭나기 위해 오늘도 훈련을 받고 있다. 선교의 부르심에 순종하여 견고하고 흔들림 없이 척박한 네팔 땅에 가능치도 않을 것 같은 신학교를 세우는 일에 매진하며 임무를 다한 이 선교사는 하나님의 충성된 종으로 천국에서 안식하고 계신다.

참고자료

천JH. 인터뷰. 2020년 7월 2일
오MW. 면담. 2020년 6월 2일
최CH. 면담. 2020년 6월 23일
김GT. 면담. 2020년 4월 22일
김GH. 면담. 2020년 5월 28일
Lama, Prakash. 이메일. 2020년 7월 1일
류BS. 설문. 2020년 6월 23일
"Nepal Presbyterian Theological Seminary(네팔장로회신학교)." 2020년 4월 25일 접근,
　　http://www.nptsnepal.org/index.php
대한예수교장로회 총회(통합)에서 제공한 故 이성호 선교사 관련 문서와 기도편지들
네팔장로회신학교에서 제공한 故 이성호 선교사 관련 사진과 문서들
네팔선교회에서 제공한 故 이성호 선교사와 네팔장로회신학교의 관련 문서들
인터넷에서의 故 이성호 선교사 관련 다수의 자료와 기도편지들

따뜻한 손길로
네팔인들을 보듬으며

강원희 · 최화순 선교사

저자는 2020년 07월 01일 강원희 · 최화순 선교사를 그의 자택에서 만나 사전에 준비된 질문으로 면담을 실시하였다. 당시 강 선교사가 직접 소장하고 있는 관련 문서나 서류들도 함께 받아 참고하였다. 그리고 강원희 선교사가 직접 쓴 『히말라야 슈바이처』(규장, 2011)의 내용을 참고했으며, 그가 여러 방송 매체에서 한 인터뷰와 교회에서 한 설교, 선교 보고 내용도 수집했다. 또한 신문과 뉴스 자료도 모았으며, 인터넷 자료도 함께 수집하였다. 이 자료들을 근거로 저자의 구성에 따라 본 글이 작성되었음을 밝힌다.

1장

인생 중반의 새 출발

1982년, 49세에 새로운 선교지를 향하는 이가 있었으니 그는 강원희 선교사이다. 연세대학교 의대를 졸업한 후, 한국에서의 안정된 의사 생활을 접고 자신의 인생 중반기에 낯선 선교지인 네팔로 떠났다.

보통 이 나이가 되면 새로운 일에 도전하기보다는 자신의 전문 분야나 직업에 충실하며 안정적인 삶을 추구하기 마련이다. 그리고 자녀들이 대부분 중고등학교를 다니면서 교우 관계를 형성하고 대학 입시를 준비하기에, 한국 내에서조차 다른 지역으로 이사하기가 쉽지 않다. 안정적인 삶을 추구해야 할 나이에 새로운 일을 시작한다는 것 자체가 엄청난 도전에 가깝다. 그것도 보장된 직장과 안정된 삶을 버리고 자신의 조국을 떠나 잘 알지 못하는 곳으로 간다는 것은 더욱더 쉬운 일이 아닐 것이다. 그러나 강원희 · 최화순 선교사 부부는 하나님의 부르심과 여러 번의 확인 작업을 통해 선교지로 향하였다.

그들의 첫 선교지는 네팔이었다. 강 선교사가 네팔로 향하던 1982년도에는 네팔에 관한 정보를 거의 찾을 수 없어서, 그는 거의 백과사전에 기록된 것만 알고 가는 수준이었다. 선교지에 대한 자세한 정보 없이 그저 하나님의 부르심에 순종하는 마음만 가지고 출발한 것이다. 모험적이라고 해야 할지, 무모하다고 해야 할지 그는 그렇게 나이 50이 다 되어 낯선 땅으로 향하였다.

이후 그는 두 차례나 더 네팔로 갔고, 한 번 가면 4년 정도씩 머물며 선교 사역을 했다. 2010년에 네팔로 떠난 세 번째 출발은 그의 나이 77세 때였다. 그 사이에 그는 방글라데시에서 4년, 스리랑카에서 4년, 에티오피아에서 7년간 사역도 진행하였다. 나이와 관계없이 식을 줄 모르는 열정의 비전을 소유한 자였다. 그의 첫 선교지이자 세 차례나 방문하며 애정을 쏟은 네팔에서의 선교 이야기는 지금부터 시작된다.

네팔에 필요한 의료 선교사

경제적으로 어려운 국가 중 하나인 네팔이 긴 고립을 풀고 문호를 개방한 지 겨우 30년이 지났을 즈음인 1982년 8월 강 선교사는 네팔에 도착하였다. 180여 년간의 긴 봉쇄 기간을 마친 네팔은 1951년에서야 외교의 문을 열었다. 인도가 영국의 식민지 국가가 되는 것을 지켜본 네팔은 빗장을 걸고 어떠한 외국인도 네팔 땅 안으로 들어오는 것을 허락지 않고서 닫힌 나라로 거의 2세기를 보냈던 것이다. 이런 정책으로 네팔은 단 한 번도 다른 나라에 식민지 국가가 된 적은 없지만, 긴 외교 단절 기간으로 문명의 진보나 경제적 발전은 크게 이루지 못했다.

당시 한국은 1970년대 새마을 운동의 영향으로 경제적으로 성장 가도를 달리고 있었지만, 네팔은 경제적으로 무척 어려웠다. 물론 지금도 네팔의 경제 상황이 많이 나아진 편은 아니지만 당시는 그 정도가 매우 심했다.

빈곤할 뿐 아니라 병원도 몇 되지 않은 네팔에서 사람들이 질병을 치료하고 의료 혜택을 받는다는 것은 그리 흔한 일이 아니었다. 뿐만 아니라 네팔의 지형 특성상 고지대의 산악 마을과 오지에 사는 사람들이 병치료와 의료 혜택을 받는다는 것은 더더욱 힘든 일이었다. 그런 네팔에 의료 선교는 반드시 필요했고, 사람들의 질병과 아픔을 보듬어 줄 그리고 복음으로 치유해 줄 의료 선교사는 꼭 필요했다. 그래서 하나님은 강 선교사를 네팔로 불렀다. 네팔의 필요와 하나님의 부르심에 이끌리어 강 선교사는 그렇게 네팔로 가게 된 것이다.

은혜에 보답하고자 하는 마음

그를 선교사로 부르심에는 하나님의 여러 준비 과정이 있었다. 대부분의 선교사들이 그렇듯 여러 과정을 거치며 소명을 확인하고 또 선교 훈련을 거쳐 선교사로 준비된다. 강 선교사 역시 이런 과정을 거쳤다. 그러나 무엇보다 그를 선교사로서의 소명을 잊지 않고 지속적으로 불타게 한 것은 바로 '빚진 마음'이었다.

그는 1934년생으로 6 · 25 전쟁을 겪은 세대이다. 전쟁 당시 10대 중반이었던 그는 국군들과 함께 혼자 남한으로 내려와 피난민 생활을 하였다. 그 생활은 뼈저리게 고생스러웠다. 수차례 배를 곯았던 경험과 혼자 살아 남아야 하는 생활은 무척이나 힘들었다. 우여곡절 끝에 그는 남한에서 부모님과 상봉했고, 전쟁이 끝난 후에는 서울에 정착했다. 전쟁을 겪으며 진정한 배고픔이 뭔지 알게 되었고 가난한 자들의 아픔과 어려움도 몸소 겪었다. 그런 경험은 강 선교사를 그 누구보다도 어려운 사람들을 더 잘 이해할 수 있게 만들었다. 또한 전쟁의 무서움도 알았기에, 그는 전쟁으로 목숨을 잃은 장병들의 희생이 얼마나 고귀하고 값진지도 알게 되었다. 그들의 희생으로 오늘날 우리가 편히 사는 이유도 말이다.

그는 항상 마음 한 구석에 그들에 대한 빚진 마음을 가지고 살았다. 그의 빚진 마음은 조선 땅을 밟은 서양 선교사들에게까지 이어졌다. 배를 타고 먼 길을 와 온갖 풍토병과 박해 가운데서도 복음을 전한 그들이 있기에 오늘의 우리가 있는 것이다. 일제에게 뺏긴 나라를 되찾고자 목숨을 걸고 독립운동 했던 독립운동가들에게도 감사의 마음을 가지고 살았다. 강 선교사는 모두에게 감사했고, 모두에게 빚을 졌다고 생각했다.

이것은 그가 예수 그리스도의 무한한 은혜를 받은 사람이라는 것과 세상에 빚진 자라는 것을 깨닫게 하고, 그 빚을 조금이라도 갚아가는 사람이 되고 싶어지게 만들었다. 그가 생각하면 할수록, 묵상하면 할수록 이런 마음은 더욱 커져 갔다. 결국 빚진 마음이 그를 선교에 헌신하도록 만들었다.

봉사의 삶과 훈련

예수 그리스도의 은혜에 대한 감사와 빚진 마음은 그를 봉사하는 삶으로 이끌었다. 그는 명문 의대를 나와 병원을 개원하고 명의로서 이름을

떨치며 그에 따른 수익도 보장되는 삶을 애초부터 꿈꾸지 않았다. 여러 사람들에게 빚진 마음이 그가 그런 편안한 삶을 살도록 허락지 않았던 것이다.

그는 의대생 시절부터 봉사 동아리에서 의료 봉사를 했고, 방학 때는 의사였던 삼촌을 따라 왕진과 이동 진료를 다녔다. 졸업을 하고 난 후에는 아내 최화순 선교사와 마음에 계획했던 대로 강원도 시골에 가서 허름한 곳을 빌려 진료를 하며 가난한 자들을 치료하였다. 이런 상황이 그를 간첩으로까지 오해하게 만들었다. 그것도 그럴 만한 것이 명문 의대 졸업생이 아주 시골 강촌에 와서 진료를 본다는 것은 흔한 일이 아니었기 때문이다. 누구나 그의 정체를 의심해 볼 만했고 그의 의중이 궁금했을 것이다.

그러나 그의 봉사의 삶은 계속 이어져 갔다. 잠시 남을 돕고 섬기는 것은 가능하지만 그것이 삶으로 이어지고 지속적으로 실행한다는 것은 쉽지 않은 일이다. 강 선교사는 십자가에서 피 흘리시며 우리를 구원하신 예수 그리스도와 이 땅의 여러 사람들의 도움 때문에 오늘날 자신이 존재한다는 것을 잘 알고 있었다. 그들에 대한 빚진 마음이 하나님께서 주신 의료 재능을 사용하며 봉사의 삶을 살도록 하였다. 어려운 가운데서도, 또 편안하게 보장된 삶을 포기하면서까지도 그는 봉사의 삶을 이어 갔고, 그것이 결국 그를 훈련된 주의 일꾼으로 준비시켜 네팔로 가게 만든 것이다.

네팔을 첫 선교지로 정한 사연

강 선교사가 처음부터 네팔을 선교지로 생각하고 준비한 것은 아니었다. 그는 방글라데시를 생각하고 있었다. 그런데 자신이 선교에 마음이 있음을 故 한경직 목사에게 말했고, 한 목사는 이전에 그가 부탁받은 일을 기억하며 강 선교사에게 네팔을 제안했다. 한 목사는 오래전 네팔에서 선교하던 한 서양 선교사가 자신에게서 네팔에 의료 선교사가 필요하고 그런 지원자가 있으면 보내 달라고 요청한 것이 마침 생각났던 것이다. 그런 부탁이 있고서 비록 시간은 꽤 지났지만 한 목사는 이를 기억했고, 강 선교사가 선교사 지원에 대해서 말하자 그에게 네팔을 제안했던 것이다. 이런 이유로 강 선교사는 자신의 첫 선교지를 네팔로 정했다. 첫 정이 무섭다고, 그는 네팔과 네팔 사람들의 매력에 푹 빠져서 이후 두 번 더 네팔로 향했다. 네팔과의 인연은 이렇게 시작된 것이다.

내조의 여왕, 아내 최화순 선교사

강 선교사의 아내 최화순 선교사는 강 선교사와 같은 대학교 간호학과 출신이다. 강 선교사는 친구의 소개로 최 선교사를 만났고, 무엇보다 그녀가 봉사 동아리에서 활동하고 있다는 것에 마음이 끌렸다. 그렇게 두 사람은 의료 혜택이 없는 곳으로 가서 함께 봉사하며 사는 것에 마음을 같이 했다.

남편 강 선교사가 네팔 선교에 마음이 있다는 것을 비쳤을 때 최 선교사는 선뜻 동의하기 어려웠다. 결코 쉽게 할 수 있는 결정이 아니었기 때문이다. 고령의 시부모님이 계셨고, 대학 준비를 하고 있는 자녀들이 있었었기에, 꼭 그렇게 요란스럽게 고국을 떠나 선교지로 가면서까지 살아야 하는가 하는 생각이 들었다. 부부가 마음을 같이하여 서로 합의한 이후에 선교가 이루어져야 하는데, 주변을 보면 한쪽 배우자의 강력한 반대로 선교의 마음을 접는 경우가 생기고, 어떤 경우는 선교지에서 철수하기까지도 했다.

강 선교사가 생선의 가장 가운데 부분, 즉 인생의 황금기를 예수님께 드리고 싶다고 말했을 때, 최 선교사는 남편의 마음을 잘 알았기에 그 제안에 동의하지 않을 수 없었다. 처음에는 받아들이기 힘들었지만 최 선교사는 남편의 깊은 뜻과 소명을 이해하고 그와 동행하는 것이 바로 선교라 여겼다. 한국의 남은 생활을 정리하는 일로 최 선교사는 강 선교사를 먼저 네팔로 보내고 이후에 그를 따라 네팔로 들어갔다. 남편의 선교 소명을 이해하고 함께 동행하는 것 자체가 아내 선교사에게는 큰 결단이고 헌신이었다.

이후 최 선교사는 강 선교사의 든든한 동반자가 되었다. 무엇보다 그들은 선교지에서 꼭 필요한 의사와 간호사 조합인 환상의 커플이었다. 주로 강 선교사가 병원에서 진료를 봤지만 왕진이나 이동 진료를 갈 때면 가끔 최 선교사도 간호사 자격으로 또 동료 선교사 자격으로 동행하였다. 또한 가난한 환자가 퇴원하면 병원에 매인 강 선교사를 대신해 최 선교사는 그 가정에 조금이나마 경제적으로 도움을 주면서 환자의 회복을 도왔다.

최 선교사의 내조는 네팔에서 방글라데시로, 그리고 스리랑카와 에티오피아로 여러 사역지를 옮겨 다니면서 계속적으로 이어졌다. 그들은 한 나라에서도 적응이 쉽지 않은 마당에, 4년씩 또는 7년씩 나라를 바꿔가며 언어도 문화도 완전히 다른 곳에서 선교 사역을 하였다. 정말 힘든 일이었을 것이다. 그 나라의 언어를 조금 익혀 가게에서 물건을 살 정도가 되고 그곳 문화에 조금이라도 적응하려 하면 또 선교지를 옮겼으니 말이다. 특히 생활 현장에서 그곳 문화를 직접 경험하고 살아가야 하는 최 선교사에게는 더욱 힘든 일이었을 것이다. 남편 강 선교사를 따라 여러 나라를 옮겨 다니는 것이 아내로서 힘들지 않았느냐는 질문에 최 선교사는 하나님의 은혜로 그렇게 또 그렇게 살아가게 되더라며 수줍은 웃음을 비쳤다.

왜 힘들지 않았으랴! 살아온 인생을 돌아보며 모든 삶 가운데 하나님의 동행하심과 인도하심을 경험한 자가 하나님의 은혜에 감사하며 할 수 있는 말이 아닐까 싶다. 최 선교사는 강 선교사와 현장에서 의료 선교를 함께 한 최고의 동역자요, 가정에서는 강 선교사가 선교에 집중할 수 있도록 도운 내조의 여왕이었다.

2장

오늘의 강원희 선교사가 있기까지

강 선교사가 해외 의료 선교에 헌신하게 된 데는 빚진 마음 이외에 봉사의 삶을 살아가는 인생의 롤 모델을 만난 것도 있다. 누군가를 실제로 만나 그들의 삶을 보며 감동을 받고서 나도 저런 삶을 살고 싶다고 여기는 것만큼 우리의 마음을 크게 움직이게 하는 것은 없다. 강 선교사 인생에 도전을 주고 선교를 결심하게 한 롤 모델은 바로 성경의 바울과 더불어 의료 선교사로 한국에 온 씰(David John Seel)과 커딩턴(Hebert Augustus Condington) 선교사였다.

이동 선교의 모델: 바울

바울은 한 곳에 머물지 않고 여러 곳을 다니며 복음을 전한 선교사였다. 그는 복음이 전해지지 않은 새로운 곳에서 복음을 전하여 교회를 세우고, 또한 자신이 세운 교회를 다시 방문하여 격려와 영적 성장을 돕는 일에 최선을 다하였다. 온갖 박해와 어려움 가운데서도 예수 그리스도에 대한 믿음과 복음 증거하는 일을 인생의 최우선 순위로 두고 여러 곳을 다녔다. 그런 바울의 삶에 강 선교사는 매료되었다. 바울은 강 선교사가 왕진과 이동 진료를 다닐 수 있도록 모범을 보여 준 롤 모델이었다.

문화가 다르고 경제적 여건과 교통 상황이 열악한 네팔에서 선교하기란 쉽지 않다. 그렇지만 강 선교사는 바울의 이동 선교의 모습을 보고 자신 역시 진료와 복음이 필요한 네팔의 여러 지역을 두루 다니며 선교하기로 마음먹었다. 의료 선교 특성상 환자를 찾아다니는 것, 특히 네팔의 산악 지역과 오지를 다닐 수밖에 없는 상황이 강 선교사가 계획한 이동 진료 선교와 잘 맞았다. 물론 이것은 다 하나님의 섭리 안에서 이루어진 일일 것이다.

의료 선교사로서의 정신과 자세를 가르쳐 준 씰 선교사

또 다른 롤 모델은 의료 선교사의 삶을 직접 보여 주었던 씰과 커딩턴 선교사이다. 그들과의 만남은 강 선교사가 인턴 시절을 보낸 전주 예수병원과 광주 기독병원에서이다. 물론 본보기가 될 만한 한국인 의사들도 많았지만 강 선교사 눈에는 외국에서 온 그들이 예사롭게 보이지 않았다. 네팔인들이 강 선교사에게 "왜 한국을 두고 이곳에 와서 이런 일을 하고 있나?"라는 질문을 자주했던 것처럼 강 선교사 역시 그 시절 그들에게 같은 질문을 던졌다.

물론 강 선교사는 그들이 6 · 25 전쟁 직후 한국의 많은 환자들을 치료하기 위해 의료 선교로 한국에 온 것을 알고 있다. 그러나 그렇게 단순히 아는 차원을 넘어 그는 그들의 삶을 가까이에서 지켜보는 기회를 가지게 되었고 의료 선교사로서의 그들의 삶에 많은 도전을 받았다.

씰 선교사는 1953년 전주 예수병원에서 의료 선교를 시작하였고, 1969년부터 1990년 은퇴할 때까지 병원장과 의료원장직을 수행하였다. 그는 한국의 많은 암 환자들을 보며 한국 최초로 암 환자를 등록하는 일을 시작하였다. 한국에서의 의료 선교의 경험과 조언을 담아 『상처받은 세상 상처받은 치유자들』과 『꺼지지 않는 사랑의 불씨』라는 두 권의 책도 출판하였다.

씰 선교사가 쓴 두 책을 보면 그에 관해 잘 알 수 있다. 『상처받은 세상 상처받은 치유자들』에서는 의료 선교의 철학, 기독 병원의 4가지 신념 그리고 기독 의사의 10가지 신조에 관하여 설명하고 있다(David Seel, 1997, 40-43, 50-51, 140-150).[1] 그는 기독 병원의 바른 자세에 대해서도 언급하였다. 예수께서 이 땅에 오신 최고의 의사로 사람들의 영육의 치유자가 되셨기에, 기독 병원은 예수의 본을 받아 사람들의 전인을 치료해 주고 복음을 선포하는 곳이 되어야 함을 강조하였다.

그의 강조는 1971년 예수병원의 신축 봉헌식 기념사에서도 잘 나타난

---

1 의료 선교의 철학: 우리는 질병 중심적이기보다는 인간 중심이어야 한다. 하나님의 진리와 자비가 우리 공동의 삶을 지배해야 한다. 우리는 예수 그리스도의 복음의 말씀에 절대적으로 순종해야 한다. 우리는 교회의 치료하는 손이 되어야 한다. 지역 사회는 우리가 의술을 행하는 교구이다.

기독 병원의 4가지 신념: 기독 병원은 신앙과 과학을 초월한, 진리에 대한 증거가 되어야 한다. 기독 병원은 인간 가치의 개념을 위한 보고가 되어야 한다. 기독 병원은 예수 그리스도의 으뜸 되심에 대한 증거가 되어야 한다. 기독 병원은 사랑의 생활 방식을 증거해야 한다.

기독 의사의 10가지 신조 제1조: 하나님의 도구로 쓰임받고자 한다면 무엇보다도 생명에 해를 끼치지 않도록 하라. 제2조: 인간을 거룩하게 여기라. 그는 하나님의 형상대로 창조되었고 그의 보혈로 구속되었기 때문이다. 제3조: 지금까지 여러분의 생애는 오늘을 위한 것이다. 제4조: 오늘이 환자에게 가장 소중한 날이다. 제5조: 진리는 모든 일의 표준이 되는 척도이다. 제6조: 모든 치유는 하나님으로부터 오는 것이다. 제7조: 여러분은 찾고자 애쓰는 만큼 발견하게 될 것이다. 제8조: 기도는 하나님의 '영적 역동성'에 참여하는 것이다. 제9조: 위로는 형제의 고통에 동참하는 것이다. 제10조: 모든 환자를 예수님처럼 대하라.

다. 그가 말하길 "우리 기도는 이것입니다. 예수의 이름을 지닌 이 병원이 병원 이상이 되기를, 이곳이 그리스도께서 거하시는 장소가 되기를, 여기에서 괴롭고 희망이 없는 사람들이 예수 그리스도를 만나고 육신의 치유와 영혼의 평안을 얻게 되기를 바라는 것입니다(David Seel, 1998, 183-184)"라고 하였다. 이렇듯 강 선교사는 씰 선교사에게서 의료 선교사는 단순히 사람들의 병만을 치료하는 것이 아니라 예수 그리스도의 복음으로 전인격을 치유하는 자들이라는 것을 배웠다. 씰 선교사의 의료 선교에 대한 가르침과 의료 선교사로서의 본이 되는 삶은 훗날 강 선교사의 선교에 단단한 기초를 제공하였다.

베풀고 또 베푸는 삶을 보여 준 커딩턴 선교사

커딩턴 선교사는 강 선교사에게 '베풀고 또 베풀고'의 선교적인 삶의 모습을 보여 준 사람이다. 그는 1949년 한국 선교사로 파송되어 1951년 일본의 침략으로 닫혔던 광주 제중병원을 다시 열어 진료를 시작했다. 특히 결핵 환자 치료에 중점을 두었고 1974년까지 약 25년간 한국에서 헌신적으로 선교하였다. 이후 1999년까지 25년간 방글라데시에서 더 선교를 진행하였다. 6·25 전쟁의 폐허 속에 지독하게 가난한 사람들이 많았고, 아파도 치료 받을 수 없는 환자들이 많았던 당시였다. 그는 아픈 환자들을 돌보는 사역뿐만 아니라, 가난한 사람들의 필요를 채우는 일에도 집중하였다. 그리고 결핵 환자나 장애인, 윤락 여성 등 요양과 재활이 필요한 사람들을 위해서 여러 곳에 요양원도 건립하였다.

그는 병원에서 진료만 본 게 아니었다. 새벽기도로 하루를 시작하고 직접 거리로 나가 전도지를 돌렸다. 이것이 한국에서의 그의 삶이었다. 커딩턴 선교사와 관련된 유명한 일화가 있다. 어느 날 그는 각혈하면서 피 덩어리가 기도를 막아 화장실에서 쓰러져 있는 환자를 발견했다. 지체 없이 그는 자신의 입으로 그 환자의 입에서 피 덩어리를 뽑아 내었고 그 환자를 살렸다. 또 다른 일화가 있다. 자신의 집에 밥도둑으로 들어온 사람을 쫓아내기는커녕 15일간 더 같이 지냈다는 이야기이다. 이후 선교 헌금이 미국에서 들어왔을 때 그것의 일부를 주어 보냈다. 그는 자신을 찾아오는 환자와 부탁을 가지고 오는 사람들을 거절치 않았고, 그들의 이야기를 경청하고 도왔다. 그들을 절대 그냥 돌려보내는 일은 없었다.

커딩턴 선교사는 가난한 환자들을 무료로 진료해 줄 뿐만 아니라 재정적인 도움도 주었다. 또한 한국의 고아들을 미국 가정과 연결해 지원을 받도록 해 주었으며, 고등학생 결핵 환자를 집에서 돌보며 후원하기까지 했었다. 그 돌봄을 받던 고등학생 결핵 환자는 훗날 목회자가 되었다. 이와 같은 도움을 받고 목회자가 된 사람은 5명이나 더 있었고, 미국 가정과 연결해 준 고아들에서도 많은 목회자가 나왔다.

커딩턴 선교사가 가장 즐겨 사용하던 성경 말씀이 "사람이 선을 행할 줄 알고도 행치 아니함은 죄니라"(약 4:17)였던 것만 봐도 그가 얼마나 선을 베풀고 살았는지 알 수 있다. 그의 이런 본은 강 선교사가 네팔에서 사역할 때 그대로 드러났다. 강 선교사 역시 환자 치료뿐만 아니라 가난한 사람들을 물질적으로 돕고 어려운 학생들의 학비를 대어 주는 등 돕고 또 도우는 삶을 살았다.

삶으로 보여 주는 것이 선교

바울과 두 선배 선교사의 삶은 강 선교사에게 의료 선교와 복음을 전하는 자로서의 삶이 얼마나 중요한가를 알게 했다. 선교는 곧 삶으로 보여 주는 것이라는 것을 깨닫게 했다. 그가 여러 선교지를 다니며 선교를 경험하면 할수록 이 깨달음은 더 확신을 가지게 했다. 강 선교사는 삶으로 보여 주는 선교를 실천하며 살려고 노력했고 또 실제 그렇게 실천하며 살았다. 씰과 커딩턴 선교사가 화를 잘 내지 않는 것을 보면서도 자신의 욱하는 성격을 선교를 위해서 고치려고 노력했다. 그는 당시 자신에게 젊은 혈기가 종종 욱하며 올라오는 경우가 있었지만, 선교사이기에 참고 온유해지는 법을 배워야 했었다고 고백한다(강원희, 2011:22).

또한 그는 선교지에서의 삶이 다만 일회성의 보여 주기 식이 아니라 본이 되는 삶을 사는 것이라고 생각했다. 선교하는 것이 법으로 금지된 네팔에서 가장 유일하고 효과적인 선교 방법은 삶으로 보여 주는 것밖에 없었다. 네팔 내국인이 복음을 전하다 발각되면 처벌을 받고 외국인의 경우 추방이 된다. 반개종법이 실행되고 있는 네팔에서 강 선교사는 드러내 놓고 선교를 할 수가 없었다. 그래서 그는 진료를 통해 질병을 치료하고 그들의 아픔을 들으면서 어려운 문제들을 도와주었다. 이런 삶의 모습으로 선교를 해야 했다.

그가 만나는 환자들이나 네팔인들은 그에게 왜 이 먼 곳까지 와서 자신들을 진료해 주냐고 궁금해하며 그 이유를 물었다. 그러면 강 선교사는 그 기회를 놓칠세라 예수님 때문이라고 답하며 복음 전할 기회를 포착하였다. 그리고 그는 자신을 이곳까지 인도한 예수에 대하여 나누었다. 이 중 예수에 대해 들은 사람들이나 그의 헌신적인 진료와 도움을 받은 사람들은 예수를 영접하곤 했다. 나라가 선교를 법으로 묶어 놔도 하나님께는 다양한 방법이 있다. 법과 제도가 아무리 강해도 하나님의 사랑과 선교는 막을 수 없다. 강 선교사는 그들을 사랑하는 마음을 가지고 삶으로 하는 선교를 이어 갔다. 그럼에도 그는 자신이 여전히 더 온전한 헌신으로 나아가는 것이 기도 제목이라고 밝힌다.

신뢰 속의 관계 선교

삶으로 보여 주는 선교와 더불어 강 선교사가 선교에서 중요하게 여긴 또 하나는, 사람들과 신뢰를 쌓아가는 '관계 선교'였다. 네팔에서 사역하는 동안 그는 한국에서 온 여러 선교사들과 많은 교제의 기회를 가졌다. 교제뿐만 아니라 그들이 하는 다양한 선교 사역을 눈 여겨 보았다. 그리고 그는 기억에 남는 두 한국 선교사에 대해 나누었다. 한 선교사는 몇 날 며칠을 가야 도착하는 오지 마을을 찾아다니며 사람들을 만나고 그들의 이야기를 들어 주는 선교를 했다. 힘든 일을 겪는 사람들의 이야기를 들어 주고 도울 수 있는 부분은 돕는, 그런 선교를 하였다.

이런 식으로 그 선교사는 힘든 산악 오지 마을 7곳 정도를 순회하였고 이를 반복하여 또 그 마을을 방문하고 사람들을 만났다. 사람들의 안부를 묻고 어려움이 어떻게 진행되고 있는지를 물으며 친구가 되어 갔다. 정기적으로 그 마을들에 방문하여 그들과 신뢰를 쌓으며 관계를 형성했고, 그렇게 선교를 했다. 마을 사람들은 멀리까지 찾아와 주고 그들의 이야기를 들어 주며 어려움을 돕는 그 선교사에게 서서히 마음을 열고 친구가 되었다. 사람들과 신뢰를 맺어 가며 하는 그 선교사의 선교 방식이 강 선교사에게는 무척 안상적이었다고 한다.

또 다른 한 선교사도 역시 오지나 시골로 다니면서 사람들과 얼굴을 트고 관계를 맺는 선교를 했다고 한다. 그 선교사는 우연히 기타를 잘 치는 현지인과 교제를 하게 되어, 그것을 계기로 학원 같은 것을 차려 기타에 관심 있는 사람들을 모으기 시작했고, 그러면서 그곳에서 그들과 자연스럽게 교제하며 복음을 전했다. 그중 복음을 받아들이는 사람은 가까운 현지 교회로 연결하였다. 강 선교사는 두 경우와 같이 관계를 맺어 가는 선교를 보며 선교에는 특별한 공식이 있는 게 아니라 사정과 상황에 맞게 그곳의 필요에 따라 이뤄져야 한다는 것을 깨달았다고 한다. 선교는 신뢰가 형성된 관계 중심적으로 이뤄져야 한다는 것을 그는 한 번 더 강조했다.

그는 또한 문화에 대한 그의 생각을 나누었다. 각국이 가지는 문화에 대해 판단하려고 하면 선교는 어려워진다고 했다. 악한 문화에 대해서는 저항하고 기도해야 하지만, 그 나라의 문화를 그대로 받아들이고 그 문화 가운데서 선교적 접촉점을 찾아 복음으로 연결하는 것이 우선적으로 선교사들이 해야 할 일이라고 강조했다. 특히 네팔에서는 여러 부족이 가지는 특성과 문화를 잘 파악하여 그에 맞는 선교적 접촉점을 찾는 것이 중요하고, 이런 것에는 하나님의 지혜가 더욱 필요하다고 했다.

3장

세 차례에 걸친 네팔 선교 이야기

강 선교사는 첫 선교지인 네팔에서 1차로 4년간의 사역을 마친 후, 10년 후에 다시 네팔로 들어가 4년 동안 2차 사역을 마쳤다. 이후 2010년 3차 사역을 위해 다시 네팔로 갔다. 처음부터 네팔을 세 차례 방문하며 선교할 계획을 세운 것은 아니지만 자연스럽게 세 번씩이나 가게 되었다. 방글라데시나 스리랑카 그리고 에티오피아는 한두 차례 방문하여 사역을 했지만 네팔은 다시, 또 다시 찾아가게 되었다. 그는 왜 세 번씩이나 네팔로 간 것일까? 네팔에 대한 첫정이 그를 계속 네팔로 이끌었던 것일까?

1차 선교 여행(1982년부터 1985년까지)

강 선교사는 1982년 8월 네팔에 도착했다. 당시 네팔에는 INF (International Nepal Fellowship)라는 센터가 있었다. 이곳은 영국 의사회에서 네팔의 의료 선교를 위해 의사들이 네팔로 와서 환자들을 진료하는 단체였다. 당시 네팔에는 타인에 대한 전도 행위가 불법이었기에 드러내

놓고 선교를 하지는 못하고 진료를 통해 복음을 전하였다. 강 선교사도 네팔에 도착하여 INF센터에 머물며 적응 기간을 거쳤고 이곳 소속으로 1년 반 정도 일하였다.

이후 그는 포카라(Pokora)라는 도시로 옮겼고, 네팔 정부가 운영하는 간다키조날(Gandakizonal)병원에서 응급실과 외과 책임자로서 2년 정도 더 일하였다. '포카라'라는 도시는 네팔의 제2도시로 멋진 호수가 있고 히말라야의 큰 봉우리들을 볼 수 있는 아름다운 도시이다. 네팔 여행객들에게 이곳은 꼭 방문해야 할 곳으로 추천 받는 곳인 만큼 경치가 뛰어난 곳이다. 포카라에서 사역하는 동안 강 선교사는 네팔 현지인 집의 방 하나를 임대하여 그곳에서 생활하였다. 그가 현지인의 집에 방을 얻어 생활한 이유는 하루라도 빨리 네팔 사회에서 그들과 친숙해지고 그들의 언어와 문화를 익히고자 했기 때문이다. 적응 기간 이후, 강 선교사의 본격적인 선교는 포카라에서 시작됐다. 그가 응급실과 외과 책임자를 맡으면서는 사연들을 가진 환자들도 많이 만났고 재미난 일도 많았다. 그중에서 대표적인 두 사건을 나눈다.

환자와 피를 나눈 사이

간다키조날병원에서 진료를 보던 어느 날, 응급실에 늙은 노인과 두 아들이 왔다. 환자는 두 아들의 아버지로서 당장 수술을 받아야 하는 응급 환자였다. 한시가 급했다. 개복을 하고서 배 안을 깨끗이 한 후 모든 장기를 다시 넣어야 하는 수술이었고, 중간에 수혈이 필요할 수도 있는 상황이었다. 강 선교사는 이런 사실을 두 아들에게 잘 설명했고 헌혈할 것을 부탁했다. 그리고 아들들은 그렇게 하겠다고 대답했다.

수술은 계획대로 진행되었고, 수술 중 수혈이 필요한 상황이 벌어졌다. 강 선교사는 간호사에게 아들들이 헌혈한 피를 가져올 것을 지시했다. 그런데 돌아온 간호사의 대답은 두 아들 모두 헌혈하지 않은 채 사라지고 없다는 것이었다. 어처구니없는 상황이었다. 당시 네팔에서는 아무리 부모 자식 간이라도 피를 수혈하는 것에 대한 선입견이 있었기 때문에 두 아들 역시 그런 이유로 자리를 피했던 것이다. 강 선교사는 너무나 황당했지만 수술대 위에 누워 있는 환자를 두고서 놀랄 겨를도 없이 재빨리 다른 방안을 찾아야만 했다.

다행스럽게도(?) 환자와 강 선교사의 혈액형이 같았다. 주저함 없이 그는 간호사에게 자신의 피를 뽑으라고 지시했다. 절대 그렇게 하면 안 되었지만 급한 나머지 강 선교사는 일반인이 뽑을 수 있는 피의 두 배 가까이 뽑도록 지시했다. 그 양이 다 채워질 쯤 다른 의사가 이를 알게 되었고 깜짝 놀라 당장 중지시켰다. 긴박했던 상황이었음에도 환자는 강 선교사의 피를 수혈 받고 감사하게 다시 살아날 수 있었다. 그렇게 그 둘은 피를 나눈 사이가 되었다(강원희, 2011:44-51).

의사가 환자를 위해 수혈을 한다는 것은 한국에서도 드문 일이다. 게다가 감히 네팔인 환자를 위해 외국인 의사가 자신의 피를 나눈다는 것을 어찌 상상이나 할 수 있었던가? 그러나 강 선교사는 위험한 환자를 두고 고민할 겨를 없이 그렇게 행동했다. 감사하게도 환자는 수혈 후 서서히 회복했고 도망간 두 아들은 산에서 귀한 약초를 캐어 강 선교사에게 감사의 표시를 했다. 이 일은 많은 사람들을 놀라게 했다. 무엇보다 강 선교사는 응급 환자가 다시 살아났다는 것에 큰 기쁨을 느꼈다. 일명 '수혈 사건'이라 불리는 이 일은 강 선교사에게도 평생 잊지 못할 사건으로 기억된다고, 그는 말한다.

네팔의 큰 형님(다주, Darju)이 되다

네팔어로 '다이(Dai)'나 '다주'는 '형'이나 '형님'이라는 뜻으로 아주 가까운 사이에서 부르는 말이다. 다주는 다이보다 더 존경의 의미를 담아 격식을 갖춘 말이다. 혈연관계에서나 또는 혈연관계만큼 가까운 형과 아우 사이에서 불려진다.

강 선교사는 외국인인데다 의사 선생님이었기에 네팔 사람들은 그를 주로 '코리안 닥터 강'으로 불렀다. 격식을 갖춘 말이었다. 그런데 어느 날 한 시장에서 외국인 의사 선생님인 강 선교사를 '다주'라고 부른 사람이 있었다. 그는 네팔 행려자였다. 강 선교사는 자신을 부르는 것이 아닐 것이라 생각하며 지나쳤지만 점점 더 선명히 자신을 부르는 말이었다. 행려자가 그를 '다주'라고 부른 것은 정말 강 선교사가 그와 그의 동료 행려자들 사이에서 형님이었기 때문이다. 그들이 그렇게 부르게 된 데는 사연이 있다.

현재는 법으로 금지되어 있지만 여전히 네팔 사회에서는 카스트 제도가 남아 있다. 계급에 따라 사람을 나눈다. 특히 가장 낮은 계급인 불가촉천민을 어느 누구 하나 돌보지 않는다. 어느 날 강 선교사는 병원 앞을 서성이는 사람 하나를 발견했다. 보아하니 불편해 보이는 몸이었다. 그래서 강 선교사는 그를 진료실로 불렀고 무료로 치료해 주었다. 이것이 발단이 되어 소문이 그들 세계에 퍼지는 바람에 그의 행려 친구들이 병원으로 몰려왔다. 네팔의 관습상 행려자들은 불가촉천민이었기 때문에 일반 환자들과 같이 진료를 볼 수가 없었다. 그래서 강 선교사는 이들을 위해 병원 한쪽에 다른 장소를 마련했고 그곳에서 진료해 주었다. 물론 무료로 말이다. 행려자들이 병원에 드나드는 것과 무료로 치료해 주는 것을 병원 측에서는 당연히 싫어했다. 하지만 딱히 강 선교사에게 뭐라고 하지 않았던 이유는 강 선교사가 그 병원에서 일하고부터 환자 손님들이 늘어났기 때문이다. 그래서 행려자들의 진료를 눈 감아 준 것이었다(강원희, 2011:33-37).

지금껏 네팔 행려자들은 인간 이하의 대접을 받고 있었다. 아파도 진료비가 없어 병원에 못 가거나 참을 수밖에 없었던 것이 관행이었다. 그런데 어느 날 외국에서 온 의사가 무료로 진료해 주니 당연히 그들 세계에서 강 선교사는 '형님'이었던 것이다. 형님 중에서도 가장 '큰 형님'이다. 그들은 특진 중에 최고의 특진을 받은 것이다. 아마 더 존경과 친근함을 표현하는 단어가 있었다면, 그들은 그를 그렇게 불렀을 것이다.

2차 선교 여행(1995년부터 1998년까지)

빼앗긴 병원을 되찾으며

네팔에서의 1차 선교 후, 강 선교사는 그의 바람대로 방글라데시에서 4년, 스리랑카에서 4년의 선교를 마치고 한국으로 귀국하였다. 그리고 그는 네팔을 떠난 지 10년이 되는 1995년 다시 네팔로 들어갔다.

2차 선교 기간 동안, 그가 머문 지역은 돌카(Dorka)이다. 돌카의 카우리산카(Gaurishankar)병원에서 장미회 소속으로 일했다. 장미회는 한국 의사 선교회가 세운 단체이고, 카우리산카병원은 장미회가 네팔의 의료 선교를 위하여 세운 병원이다. 설립 취지에 맞게 잘 운영되던 이 병원에 어느 날 문제가 생겼다.

한 네팔 그리스도인이 이 병원의 설립 때부터 한국인 의사들의 여러 법적이고 행정적인 문제들을 다 도왔는데, 그가 변질되기 시작한 것이다. 어떤 이유에서인지 점차로 한국인 의사들이 비자를 받지 못 하게 되었고, 여러 이유들로 마침내 병원 문이 닫히게 되었다. 간단히 말해서 그 현지 네팔인이 병원을 뺏고자 했던 것이다.

시간이 흘러 마침내 이 문제를 해결코자 네팔 고위 각료(閣僚)와 관련된 사람들이 한자리에 모여 회의를 시작하였다. 강 선교사도 그 자리에 있었다. 언쟁이 오가며 회의는 길어졌다. 그 현지인은 한국인 의사들이 기독교를 증거하러 왔다고 폭로하였다. 그런데 그와 반대편에 있던 동네 이장은 그를 향해 "당신도 처음에 그들과 함께하며 예수를 증거하던 사람인데 왜 지금 이렇게 행동합니까?"라고 질타했다. 이장은 정확히 그의 속내를 간파하고 찔렀다. 이런 논쟁 가운데 어떤 한 사람이 조용히 기도하고 있던 강 선교사에게 의견을 구하였다.

어찌 대답해야 할지 몰라 머뭇거리던 강 선교사는 하나님께 지혜를 구했다. 순간 한 가지 나누고 싶은 이야기가 떠올랐다. 그것은 그가 1차 선교 때 자신의 피를 수혈해 준 환자의 이야기였다. 사람들 앞에서 그는 자신이 두 번째로 다시 네팔에 온 이유가 자신의 피를 나누기까지라도 해서 네팔의 환자를 돕고자 함이라고 밝혔다.

이후 분위기는 엄숙해졌다. 네팔 의사도 아닌 외국인 의사가 네팔 환자들을 돕고자 타국에서 왔고 자신의 피를 나누면서까지 환자를 도왔다고 하는 외국인 의사의 이러한 간증은 모인 자들의 마음을 움직이기 시작했다. 이 은혜로운 간증으로 현지인에게 넘어갈 뻔한 병원을 다시 찾아올 수 있었다. 강 선교사는 그 수혈 사건이 이렇게 귀하게 사용될 거라고는 예상치 못했다고 한다.

참으로 모를 하나님의 뜻

1992년 7월 31일, 가슴 아픈 일이 일어났다. 장미회에서 세운 카우리산카 병원에는 한국인 의사들이 단기 선교를 위해 이 병원에 와서 선교 사역을 도왔다. 그 선교에 동참하기 위해 故 홍사옥 의사도 네팔 행 비행기에 몸을 실었다. 그런데 네팔로 향하던 비행기가 공중에서 추락해 그만 유명을 달리하게 되었다. 이 일은 강 선교사에게 큰 충격을 주었다.

어떻게 이런 일이 일어날 수 있는지, 하나님의 뜻은 무엇인지 그는 많은 생각에 잠겼으나 도무지 그 답을 알 수가 없었다. 크고 깊으신 하나님의 뜻을 그분의 피조물인 인간이 어찌 다 이해할 수 있겠는가? 시간이 흐른 후 그는 하나님의 뜻을 분간하기보다는 이 땅에서의 인간 삶에 초점을 맞추기로 했다. 내일이 어떻게 될지 모르는 게 우리네 인생인데, 그저 주께서 허락하신 오늘에 그분을 위해 최선을 다하는 삶을 살아가야겠다고 생각했다. 그 하루의 삶에 또 그 하루의 소중함을 느끼며 열심을 다하는 것만이 우리가 이 땅을 살아가는 방법이라는 것을!

3차 선교 여행(2010년부터 2015년까지)

꿈꾸는 노병(老兵)

2010년 그의 나이 77세에도 강 선교사에게는 꿈이 있고 비전이 있었다. 그것은 네팔 가운데 아직 복음이 전해지지 않은 지역에 복음 증거의 센터 역할을 할 병원을 세우는 것이었다. 은퇴를 하고 쉬어도 될 나이임에도 그는 비전을 품고 또 길을 떠났다. 감사하게도 그는 신체적으로 건강했고 마음은 더 건강했다. 여전히 할 일이 많이 남아 있었다. 새로운 도전과 열정이 솟아올라 휴식 할 시간이 없었다. 이 땅에서의 삶에서 그에게 쉼이란 없었다. 예수께서 일하시니 자신도 쉴 수 없다는 것이었다. 달리고 달릴 뿐이다.

그가 고령의 나이임에도 불구하고, 세 번째 또 네팔에 간 이유는 두 번의 네팔 선교 경험을 통하여 그 나라의 필요를 보았기 때문이다. 네팔은 아직도 많은 미전도 종족과 부족이 있고, 병원이 중요한 선교 센터로 이용될 수 있음을 그는 잘 알고 있었다. 그래서 그는 그의 남은 생애에 꼭 필요한 곳에 병원을 세우고 싶었다. 이 소망이 그를 다시 네팔로 이끈 것이다. 비록 그 꿈을 성취하지는 못했지만 그는 코이카(KOICA)에서 세운 박터푸르(Bhaktapur)의 티미(Thimi)병원에서 3차 사역을 감당했다. 주께서 부르시는 그날까지 그는 이 땅에서 꿈꾸는 자였다.

세간살이를 정리하며

네팔에서의 3차 선교 사역을 마치고 한국으로 돌아오기 위해 강 선교사와 아내 최 선교사는 네팔에서 지내는 동안 사용했던 살림을 정리하였다. 가정에서 사용했던 세간살이를 중고 가격으로 팔았다. 이때 받은 돈은 한국 돈으로 2백만 원이 조금 안 되는 돈이었다. 강 선교사는 이 돈을 어떻게 사용하면 좋을지 고민하였다. 물론 한국으로 돌아올 경비로 사용해도 되지만, 무엇보다 이것이 네팔에서의 마지막 선교일 것이라고 생각했기에 뜻깊은 곳에 사용하고 싶었다.

그래서 강 선교사는 고심 끝에 3명의 네팔 목회자와 사역자를 가정으로 초대하였다. 그들은 신실한 하나님의 일꾼으로 네팔에서 귀하게 사용되고 있는 자들이었다. 그래서 강 선교사는 그들에게 조금이라도 도움을 주고 싶어 살림을 정리한 돈을 세 사람의 사역비로 헌금하였다. 이때 도움받은 한 목회자는 당시 강 선교사의 헌금이 재정적으로 그의 사역에 큰 도움을 주었다고 고백하였다.

강 선교사의 삶은 『아낌없이 주는 나무』라는 책 내용을 생각나게 한다. 그의 삶이 곧 '아낌없이 주는 나무'이다. 한국에서 큰돈을 벌어 선교하러 간 것도 아니어서 그 역시 그리 풍요로운 것이 아니었음에도 그의 삶은 주고 또 주는 삶이었다. 그는 힘들게 배운 의술을 네팔인들을 위해 사용하였다. 그가 드리고 싶었던 인생의 가장 황금기도 해외 선교에 바쳤다. 가정 형편이 어려운 환자의 집에 먹을 식량도 가져다 주었다. 어려운 네팔 신학생들의 신학 공부를 위해 학비도 대 주었다. 그리고 마지막으로 가지고 있던 세간살이도 다 팔아 네팔인들에게 헌금하였다. 예수 그리스도의 큰 사랑도 주고 자신의 헌신도 주었다. 대가를 바라지 않고 그저 주고 또 주는 삶이었다. 그가 사랑하는 네팔과 네팔 사람들에게 뭔들 안 주고 싶었을까?

의료 선교에 대하여

1982년 강 선교사가 네팔에 도착하고서 3년 후인 1985년 이춘심 선교사가 간호사의 신분으로 네팔에 들어왔다. 당시 네팔에 한국인이 귀했던 시절이라 강 선교사 가정과 이 선교사는 의료인이라는 공통점으로 서로를 격려하며 친하게 지냈다. 강 선교사가 포카라로 사역지를 옮겨 그곳에서 사역하고 있을 때, 이 선교사가 카트만두(Kathmandu)에서 버스를 타고 6~7시간이나 걸려 강 선교사 가정에 왔다. 단순히 놀러 온 것이 아니었다. 의료인의 고민을 가지고 그 먼 거리를 왔던 것이다.

이 선교사는 강 선교사에게, 자신은 선교에 헌신을 하고 자신이 가진 의료 기술로 네팔인들을 섬기고자 네팔로 왔다고 운을 떼었다. 그런데 지금 자신이 하는 일이 선교가 맞는지 모르겠다는 것이 그녀의 고민이었다. 당시 이 선교사는 병원에서 마취하는 일을 하였는데 병원 사람들 외에는 도무지 다른 사람들을 만날 시간이 나지 않았고, 그나마 잠시 마주하는 환자들은 바로 마취를 시켜 버리니 전혀 교제를 할 수가 없었다. 과연 자신이 하는 일이 선교인가라는 깊은 고민에 빠져서 답답한 마음에 그를 찾아온 것이다.

강 선교사의 대답은 무엇이었을까? 그는 이 선교사가 하는 지금의 일도 선교라고 대답해 주었다. 그는 의료가 선교의 도구라는 말에 동의하지 않았다. 의료 자체가 선교라고 생각했다. 아픈 사람을 치료하고 돌보는 일이 선교이고 이것으로 사람들이 복음에 마음 문을 열기 때문이다.

또 다른 선교

강 선교사는 병원에서만 진료를 보거나 왕진 또는 이동 진료만 다니며 선교를 한 것이 아니었다. 그는 그에게 기회가 닿는 대로 또 사람들의 도움 요청이 올 때마다 네팔인들을 돕고 섬겼다. 신학 공부를 원하는 학생들의 학비 지원 요청이 있었을 때 그는 선뜻 도왔다. 그의 도움으로 네팔의 기독교 목회자들이 나오게 되었다. 그리고 아주 오지의 초등학생 10여 명을 재정적으로 도왔다. 너무 시골이어서 교육다운 교육받기가 어려운 아이들을 선교사가 운영하는 도시에 있는 학교로 보내는 것에 도움을 주었다.

또한 네팔 현지인 목회자였던 한 사람이 재정적으로 너무 힘들어 해외에 돈을 벌러 나갈 계획이라는 이야기를 들었다. 그는 그 목회자를 설득해 재정 지원을 하였고 그가 계속해서 목회를 하도록 도왔다. 또한 친척이나 이웃에게 돈을 빌려 수술을 하고서 퇴원 후에도 빠른 회복을 위해 잘 먹어야 하는 가난한 환자가 있었다. 그를 치료했던 강 선교사는 그의 형편을 잘 알았기에 그가 걱정되었다. 그래서 그는 퇴원 후 그 환자 집을 찾아가 곡식과 감자 등을 가져다 주었다. 의사가 환자 집에 먹을 것을 들고 온 소식이 금세 동네에 퍼졌고 사람들은 모여 들었다. 기회를 포착한 강 선교사는 환자 가족이 차를 대접하는 동안 모인 사람들에게 예수에 관하여 증거하였다. 그리고 네팔 병원에서 받는 적은 월급도 다시금 네팔인들에게 나누었다. 그는 네팔 환자들을 돌볼 뿐만 아니라 다양한 방법으로 네팔인들을 섬겼다.

4장

나의 사랑 네팔

네팔이라는 나라는

3차에 걸친 네팔 선교를 마무리하고, 또 35여 년간의 해외 선교를 돌아보면서 네팔이라는 나라에 대한 그의 생각을 나누었다. 그는 네팔이 한국에 비해 경제적으로나 다방면에서 발전이 많이 느리기는 하지만, 다소 시간이 걸리더라도 충분히 발전 가능성이 있는 나라라고 했다. 그는 네팔의 미래에 희망이 있다고 보았다. 네팔 사람들에 대해서, 그는 사람들의 성품이 좋고 순하며 순박하다고 했다. 강 선교사는 사람들의 그런 순수함에 매료되었다고 한다.

선교적인 관점에서 네팔은 기적이 많이 일어날 수 있는 곳이며 성령의 바람이 부는 곳이라고 했다. 현재 네팔은 기독교 성장률이 가장 높은 나라로서 복음에 크게 반응하고 있다. 비록 경제적인 어려움으로 많은 젊은이들이 해외 근로자로 나가고 있지만, 그들은 그곳에서 복음을 듣고, 들은 복음을 다시 듣고 네팔로 돌아오고 있다. 강성한 힌두교 땅에 복음의 변화의 물결이 요동치고 있다. 정말 복음으로 무궁무진하게 부흥할

나라이다. 이것은 1982년부터 현재까지 네팔 사회에서 네팔 사람들을 만나고 그들과 함께하며, 직접 보고 느끼고 경험하면서 변화의 과정을 지켜 본 산 증인의 고백이다.

강 선교사는 수많은 일화 중 기억나는 한 가지를 나누었다. 네팔 선교 초기에 그는 빠른 네팔어 습득을 위해 네팔 현지인 언어선생 한 명을 두었다. 그런데 어느 날 그 선생은 자신의 아들이 병이 났다고 걱정스럽게 강 선교사에게 말하였다. 강 선교사는 그 선생에게 자신이 믿는 하나님께 아들의 병이 낫도록 함께 기도하자고 제안했다. 그리고 그 둘은 그렇게 기도를 했는데 이후 아들의 병이 나았다. 이런 역사를 통하여 그 선생은 예수를 영접하였다.

이런 경험이 많은 강 선교사는 한 가지 확고한 믿음을 가지고 있었는데 그것은 예수 그리스도의 이름으로 구하는 간절한 기도에는 많은 기적과 역사가 일어난다는 사실이다. 그런 믿음은 요한복음 14장 12절 "내가 진실로 진실로 너희에게 이르노니 나를 믿는 자는 나의 하는 일을 저도 할 것이요 또한 이보다 큰 것도 하리니 이는 내가 아버지께로 감이니라"에 근거한 것이라며, 그는 이 성경 말씀을 줄줄 외웠다. 얼마나 오랫동안 그의 삶 가운데서 그가 이 말씀을 붙들고 선교에 임했는지 알 수 있다.

더하는 힘이 아닌 새롭게 부어 주시는 힘

네팔의 산은 한국의 산과는 비교가 안 될 정도로 높고 험난하다. 버스가 들어갈 수 있는 곳까지 가서도 버스에서 내려 몇 날 며칠을 더 걸어

가야 산 중턱 마을에 도착한다. 그래서 네팔 사람들은 한국 사람들이 무슨 산 무슨 산에 간다 그러면 그들은 한국에 산이 어디 있냐고 농담을 하기도 한다. 그들이 보기에 한국의 산은 그저 다 언덕 정도로 보일 뿐이기 때문이다.

강 선교사는 진료를 하지 않는 날이면 이곳저곳을 다니며 이동 진료를 했고, 환자들을 찾아 가는 선교를 했다. 특히 고지대 마을이나 오지로 갔다. 이동 진료를 갈 때면 네팔 지형의 특성상 산을 오르고 또 올라야만 했고, 이 산을 넘어 저 산으로 가야만 했다. 산을 오르는 데 너무 힘들어 현지인에게 다 도착했냐고 물으면 거의 다 도착했다고 하면서도 그 이후 산을 넘고 또 넘어 갔다. 도무지 아무것도 없을 것 같은 곳도 가 보면 신기하게 마을이 나온다. 그런 곳에 사람들이 산다는 것이 놀라울 정도다. 당연히 그런 곳에 병원이 있을 리 만무하다. 그래서 강 선교사의 이동 진료는 네팔에 딱 맞는 선교인 것이다. 병원이 없는 고지대에 사는 사람들은 아파도 병원에 갈 수가 없기에 동네 무당을 찾아가 무(巫) 의식을 치르는 것 외에는 달리 방법이 없었다. 그래서 네팔 오지와 시골에는 여전히 아직도 샤머니즘이 성행하고 있다(강권용 외 3인, 2011: 296-297).

그렇듯 강 선교사는 이동 진료를 가면 그런 힘든 곳을 하루 이틀 정도 걸어가고, 그 지친 몸으로 이틀 정도 진료를 하고서 다시 그 오른 길을 내려온다. 어떤 곳은 목적지에 도착하기 전에 너무 많이 오르고 걸어서 진료를 보기 전에 이미 녹초가 되는 경우도 있었다. 네팔에서의 이동 진료를 단순히 한국에서의 이 마을 저 마을로의 이동으로 생각해서는 안 된다. 네팔은 상상하기 어려울 정도의 고도에 마을이 있고 이 산 저 산

넘는 것은 평범한 일상이다. 걷고 또 걸어야만 마을이 나온다. 거리가 먼 것은 둘째 치더라도 문제는 그 길이 산을 오르는 오르막길이라는 것이다. 그 오르막의 끝은 보이지 않는다. 이뿐만 아니라 떨어지면 죽는 낭떠러지 길도 종종 만난다. 그런 길은 보기만 해도 아찔하다. 가끔은 야생 맹수도 만나 위험에 직면하기도 한다. 뱅글뱅글 산을 오르는 버스가 낭떠러지로 굴러 많은 사람들이 죽는 사건도 심심찮게 뉴스에 보도된다.

이런 환경에서 강 선교사는 목적지까지 가는 동안 힘을 다 소진하여 다음날 200~300명의 환자들을 볼 힘이 전혀 없을 때도 있었다. 오지에 의사가 왔다는 소식이 들리면 아주 먼 곳에서도 많은 사람들이 모이고 심한 환자부터 많이 아프지 않는 환자까지 구름 떼처럼 몰려든다. 가는 동안 힘을 다 뺀 날은 다음 날 있을 진료가 걱정되고 두려웠다. 그런 상황에서 그가 할 수 있는 일이라고는 하나님께 기도하는 수밖에 없었다. 기도하며 다음날 진료를 보았다.

한번은 아주 가파른 돌로 된 절벽을 지날 때도 있었는데 이곳은 아주 무서운 곳이어서 현지인 짐꾼조차도 다시는 강 선교사 팀과는 일하지 않겠다고 할 정도였다. 게다가 강 선교사는 고소 공포증까지 있었다. 오지 마을 사람들이 그가 오는 것을 알고 기다린다는 이야기를 들으면 이동 진료를 결코 멈출 수가 없었고, 그저 기도만이 유일하게 그가 할 수 있는 일이 되고 말았다. 고소 공포증이 강 선교사를 두렵게 했고 그날도 그는 고소 공포증이 사라지도록 기도하며 걸었다. 그런데 어느 날 거짓말처럼 고소 공포증이 사라졌다. 어떻게 말로 설명이 안 되는 일이었다. 참으로 신기한 경험이었다.

또 한번은 8명 일행이 타고 가는 버스가 산 중턱에서 멈추는 바람에, 강 선교사는 가도 가도 끝이 없는 돌계단을 올라가야만 했다. 그러다 그는 탈진하고 말았다. 더 이상 한 계단도 못 올라가고 그는 그 자리에 주저앉았다. 나중에 이 사실을 안 앞서가던 두 사람이 내려와 강 선교사를 부축해 올라갔다. 완전히 탈진한 강 선교사는 그들의 부축을 받으면서 계단을 오르며 오를 힘을 달라고 하나님께 간절히 기도했다. 그렇게 기도하며 걷고 쉬기를 반복하다 세 번째 다시 걷기 시작했을 때 강 선교사는 이상한 것을 느꼈다. 갑자기 그의 다리에 힘이 솟는 강력한 느낌을 받았다. 아주 강한 힘이 다리에 생겼다.

이런 경험은 처음이었다. 이전에 한 번도 경험하지 못 한 일이었다. 다리에 갑자기 힘이 솟으면서 더 이상 부축을 받지 않고 그 어떤 사람들보다 더 힘 있게 재빨리 산꼭대기에 도착할 수 있었다. 땀이 전혀 나지 않았고 지치지도 않았다. 기운이 막 솟아났다. 그 다음날 새벽에 일어나 동네를 뛰어다닐 정도였다. 이틀 동안 아주 많은 사람들을 진료 보는데도 아무런 어려움이 없었다. 이것은 완전한 탈진과 소진 가운데 하나님께서 새 힘을 부어 주신 것이다! 그는 그의 놀라운 경험을 말로 다 설명할 수가 없어 안타까울 따름이라고 하였다. 새 힘을 부어 주신 하나님의 기적을 경험한 그는, 오랜 시간이 흘렀음에도 그것을 생생히 기억하고 있었다.

그는 이 기억을 회상하며 이야기를 할 때 가장 흥분되어 있었다. 신나게 말을 이어 갔다. 자신에게 일어난 놀라운 기적을 다 이야기 해 주고 싶은 얼굴이었다. 이야기 가운데 그가 가장 강조한 말은, 하나님께서 자신에게 부어 주신 그 힘은 자신에게 조금 남은 힘에 더 추가된 것이 아니었다는 것이다. 그는 온전한 새 힘이었다고 여러 번 강조하였다. 하나님께서 주신 새 힘과 새로운 능력이었다는 것이다. 그에게 있어 그가 선교지에서 몇 명의 환자를 진료했거나, 죽음의 문턱에 있었던 환자를 살려낸 이야기는 그리 중요하지 않아 보였다. 인생 중반에 해외 선교지에 있는 그를 하나님께서 기억해 주시고 힘들고 어려울 때마다 놀라운 능력과 새 힘을 부으시며 돌봐 주신 하나님, 그리고 그런 하나님과의 개인적인 체험이 그의 큰 자랑거리로 보였다.

네팔에서 가장 안타깝고 슬펐던 일

강 선교사는 네팔 선교에서 가장 안타까운 일로 예수 그리스도께 헌신한 사람들의 변질을 들었다. 엄청난 핍박 가운데서도 예수를 영접하고 그리스도인이 된 사람들이 시간이 흘러가면서 서서히 변질되어 가는 모습을 지켜보는 것은 그의 선교 사역 가운데 가장 가슴 아픈 일이라고 했다. 그들은 회심한 초기와는 다르게 서서히 변질되어 명목상 기독교인을 유지하면서 그 신분을 이용해 돈과 권력의 맛을 보고 또 선교 후원금을 받아 내어 자신의 욕심을 채우는 자들이다.

강 선교사는 그렇게 변질된 자들에게 사랑하고 아끼는 마음으로 조언하며 다시 신실한 그리스도인으로 돌아올 것을 여러 번 권유했다. 그러나 이미 돈과 권력의 맛을 본 그들에게 강 선교사의 조언이 먹힐 리 없었다. 강 선교사는 그들이 신실했던 시절을 기억하고 있기에 그들의 변질이 참으로 속상하다고 했다. 그들의 이름뿐만 아니라 자세한 사건들까지 그는 생생히 기억하고 있었다. 그만큼 그에게 아픔으로 남아 있었다. 변질된 이들의 여러 이야기를 풀어놓는 강 선교사의 목소리에 안타까움과 속상한 마음이 담겨 있었다.

그가 언급한 두 사람 중 한 사람은 강 선교사가 네팔의 첫 번째 선교 기간에 만난 청년이었다. 한량 같았던 그 청년은 강 선교사가 네팔이라는 곳까지 와서 사람들을 진료하고 돕는 모습을 보고 뭣 때문에 이런 삶을 사느냐고 질문하였다. 강 선교사는 늘 그렇듯 고민 없이 단 번에 예수 때문이라고 대답하였다. 충격적인 답변을 들은 그는 놀란 표정을 지으며 이후 강 선교사와 좋은 관계를 유지하며 잘 지냈다. 이후 그 청년은 신학교에 입학하고 싶다며 강 선교사의 후원을 요청했다.

강 선교사는 기꺼이, 기쁘게 그를 도왔다. 이후 강 선교사는 네팔을 떠났고 이후에 들은 그에 대한 소식은 놀라웠다. 그는 신학교를 마치고 목사가 되고 더 공부를 해서 박사가 되었다는 것이었다. 두 번째 방문 때 강 선교사는 그를 다시 만났다. 그는 교회와 신학교를 세우며 큰 전도 집회를 열어 복음 전파에 열심을 내는 사역자가 되어 있었다. 그런 그의 영적 성장을 지켜보는 강 선교사는 하나님께 감사했고 그를 통해 네팔의 복음화를 이루어 나가실 하나님을 기대하였다. 한량이었던 그의 과거가 드라마틱하게 변하여 힌두권인 네팔에서 복음 증거자로 살아가는 그는 분명히 네팔 기독교 역사에 큰 획을 그을 자라고 생각했다.

그러나 그런 그가 변하기 시작했다. 여러 곳에서 선교 후원금이 많이 들어와 재정적으로도 어렵지 않게 되었고, 많은 직위도 가졌으며, 정치적 야망도 커 정치에 많은 관심과 열정을 쏟았다. 너무 많이 가지게 된 것이 그를 변질되게 했다. 그것이 문제였다. 최고 학위와 직위, 부와 명예를 다 가졌기에 복음 증거하는 삶보다 자신의 욕망을 채우는 일에 더 관심을 가지게 된 것이다. 한 사람의 변질과 타락을 지켜보는 강 선교사는 너무나도 마음이 아팠다.

이어 또 한 사람을 더 이야기했다. 이 이야기를 이어 가는 그의 얼굴에 쓸쓸함이 고스란히 묻어 났다. 강 선교사가 그를 만났을 때 그는 신학 공부를 마치고 네팔에서 교회를 개척한 목사였다. 유능하고 세상의 잘난 직업도 다 포기하고 복음을 전하는 전도자로 살아가고 있는 사람이었다. 그의 신실함에 강 선교사는 그와의 관계를 계속 이어 갔다. 어느 날 그는 한국에 있는 신학교에서 더 공부하기를 원한다고 말했고, 이 일에 강 선교사는 도움을 주었다.

한국에 있는 동안 그는 한국의 여러 그리스도인과 관계를 맺었다. 그러다 보니, 그들이 후원하는 돈의 달콤함을 맛보게 되었다. 서서히 그는 돈에 노예가 되기 시작했다. 한국 유학 후 그는 달라졌다. 사람들에게 선교 후원금을 받아 내는 방법을 터득했고, 그 방법을 잘 활용하여 그것을 개인 용도로 사용했다는 소문이 강 선교사에게 들렸다. 불순한 의도로 한국 교회 그리스도인들과 좋은 관계를 유지하여, 네팔로 단기 선교를 오는 한국인들로부터 그의 개인적 필요를 채웠다. 교단별로 개인별로 그는 돈과 물질을 제공받았다. 선교 후원금이나 학교 장학금의 용도로 사용되어야 할 돈도 그의 개인 주머니로 들어갔다. 이런 변질이 강 선교사를 슬프게 만들었다.

무엇보다 더 가슴 아픈 것은 그들이 네팔 기독교의 주요 목회자들이라는 사실이다. 여러 번 그들을 만나 권면했지만 이미 변질된 그들에게 먹히지 않았다. 귀한 하나님의 도구로 네팔의 척박한 힌두 사회에서 복음을 전하며 살아가야 할 자들이 도리어 사탄의 유혹에 넘어가 타락해 가는 모습을 지켜보는 강 선교사는 마음이 너무나도 아팠다. 아끼고 사랑한 만큼, 사랑과 애정을 가진 만큼 아픔은 더욱 컸다.

가장 귀한 열매 아모스 목사(Amos Gurung)

이런 씁쓸한 이야기 후에 강 선교사는 그와 반대되는 이야기도 나누어 주었다. 사람으로 인하여 가슴이 쓰라린 아픔도 있지만 사람으로 인하여 하나님께 감사하는 경우도 있다고 했다. 그는 네팔 사역 가운데, 그리고 그가 관심을 가지고 물질 후원과 기도로 도운 사람들 가운데 가장 귀한 사람으로 단연 아모스 목사를 들었다. 좀 전과 다르게 아모스 목사를 떠올리자 강 선교사 얼굴에 미소가 띄었다. 아모스 목사가 네팔에서 하나님의 신실한 종으로 사용되어지는 것을 보는 것은 강 선교사에게 매우 기쁘고 감사한 일이었다.

강 선교사가 아모스 목사를 처음 만난 것은 그가 청년 아모스의 신학교 1년 장학금을 후원하고 난 이후부터였다. 그는 알고 지내던 네팔인의 소개로 아모스를 후원하게 되었다. 만난 적은 없지만 그는 아모스라는 청년을 후원하고 있다는 것을 잊지 않았다. 어느 날 강 선교사는 아모스가 1년의 네팔어 단기 신학 과정을 끝내고 재정적으로 힘들어 더 이상 학업을 유지하지 못한 채 고향으로 돌아갈 예정이라는 이야기를 다른 네팔인으로부터 들었다.

강 선교사는 그 네팔인에게 아모스와의 만남을 주선해 달라고 부탁했고 그들은 그렇게 첫 만남을 가졌다. 강 선교사는 아모스를 만나 어려운 환경에서도 공부를 하고 목사가 된 어느 네팔인의 간증을 들려주며, 아모스가 힘든 가운데서도 학업을 이어갈 수 있도록 격려와 용기를 주었다. 그리고 그는 아모스가 4년간의 영어 신학 과정을 다 마칠 수 있도록 학비와 기숙사비 그리고 급식비까지 다 후원하겠다고 했다. 그런 강 선교사의 격려와 재정적 지원으로 청년 아모스는 신학교 과정을 잘 마칠 수 있었고 목사 안수도 받게 되었다.

아모스 목사가 목회학 석사 과정을 위해 한국에 올 때도 강 선교사는 아모스 목사 외에 3명 신학생들의 비행기 값을 후원해 주었다. 네팔이 경제적으로 힘든 나라이기 때문에 비행기 값과 학비를 자비로 충당하며 유학을 갈 수 있는 학생은 많지 않다. 네팔에서 그 경비는 큰 액수였다. 그리고 짧은 네팔 기독교 역사 가운데 세워진 신학교 대부분은 단기 과정이거나 학사 정도의 과정이어서, 목회학 석사나 신학 석사 그리고 신학 박사 과정을 위해서는 다른 나라로 유학을 갈 수밖에 없었다.

감사하게도 한국의 몇몇 신학교에는 제3세계 국가 출신의 신학생들을 위해 장학금 제도가 있었다. 장학금으로 공부는 할 수 있겠지만, 왕복 비행기 경비와 생활비는 누군가의 도움이 필요했다. 신학생들은 더 높은 단계의 신학 공부가 필요했고 그에 따른 경비도 필요했다. 아모스 목사와 함께 비행기 값 후원을 받은 학생들은 그 후원금이 강 선교사께로부터 온 것인지 알지 못했다. 그중 한 사람은 20년이 지나서 아모스 목사로부터 비행기 후원금의 출처에 대해 들었다. 그는 놀라지 않을 수 없었다. 비록 20년이 지났지만 오늘의 자신이 있도록 도운 강 선교사의 도움을 그는 무척 고마워했다. 아마 나머지 두 사람은 아직도 그 사실을 모르고 있을 것이다.

이처럼 강 선교사는 굳이 이런 사실을 자랑하거나 드러내지 않았다. 만나 본 적이 없던 청년 아모스의 학비를 1년간 지원했고, 꼭 필요한 신학 공부를 위해 떠나는 학생들의 비행기 비용을 지불했다. 시골에서 올라와 카트만두에서 직업을 찾던 아모스 청년에게 신학 공부를 할 수 있도록 돕고 지속적으로 후원했다. 그래서 결국 아모스 목사는 한국에 있는 신학교에서 목회학 석사 과정과 신학 석사 과정을 마치게 되었다. 이후 그는 네팔로 돌아가 신학교에서 가르쳤고, 현재는 선교단체에서 중요 직책을 맡아 네팔 선교를 위해 일하고 있다.

아모스 목사가 한국에서 공부를 하고 있고, 강 선교사가 한국에 잠시 머물 때 강 선교사는 아모스 목사를 그의 집에 초대하였다. 그리고 그를 따뜻하게 대접했다. 이후 아모스 목사가 공부를 마치고 네팔로 돌아갔을 때, 그리고 강 선교사가 네팔에서 다시 사역하게 되었을 때 강 선교사는 그를 여러 번 그의 집에 초대하였다.

이후 강 선교사와 아모스 목사는 단기 제자 훈련 과정을 함께 진행하였고, 아모스 목사가 담당했던 의료 선교 사역에 강 선교사는 네팔 의사들과 함께 이동 진료로 동참해 주었다. 그는 아모스 목사가 담당하고 있는 선교단체의 사역을 정신적으로 지지해 주고 기도로 도왔다. 강 선교사의 한 사람을 향한 꾸준한 물질적 후원과 기도는 충성된 주의 종을 세우게 했고, 이것은 네팔 기독교 성장과 부흥에 일조를 담당하게 한 셈이 되었다. 이렇게 신실한 하나님의 사람 아모스 목사는 강 선교사의 선교 사역의 귀한 열매가 되었다.

아모스 목사가 들려주는 강 선교사 이야기

강 선교사의 마음을 아모스 목사에게 전했을 때 그는 기쁨을 감출 수 없었다. 강 선교사의 도움으로 지금의 자신이 있게 되었다고 오히려 그를 향한 고마움이 더 크다고 했다. 아모스 목사는 강 선교사와의 만남과 교제의 추억을 다시 회상하면서 그에 관한 잊을 수 없는 몇 가지 일을 전했다.

아모스 목사는 강 선교사가 자신에게 했던 조언 중 하나를 지금도 기억하고 있었다. 그것은 쓰디쓴 진실이었다. "머리가 건강하면 몸도 건강하지만, 머리가 건강하지 못하면 몸 전체가 아프게 된다."는 것이다. 즉 조직의 상부(지도자들)가 부패하면 그 전체가 썩는다는 의미이다. 이것은 네팔 기독교를 이끌 지도자를 염두에 두고 한 영적인 충고였다.

복음의 씨가 도저히 싹트지 못할 것 같았던 네팔 땅에 회심하는 자들이 하나둘씩 늘어 가는 것이 얼마나 귀한 일인가? 그리고 그리스도께로 돌아오는 어린 자들을 인도할 지도자는 또한 얼마나 더 중요한가? 건강한 네팔 지도부에 건강한 네팔 기독교의 미래가 달린 것이다. 그러나 강 선교사는 그렇지 못한 소수 기독교 지도자들의 변질과 타락을 여럿 지켜보았기에 그런 말을 했던 것 같다.

강 선교사의 이 말은 아모스 목사 마음에 새겨졌고, 아모스 목사는 좌우명처럼 지금까지 되뇌며 살아가고 있다고 했다. 그의 조언은 아모스 목사를 겸손하고 신실한 하나님의 종으로 살아가게끔 하는 원동력이 되었고, 이런 이유로 아모스 목사는 강 선교사를 그의 '영적 아버지'로 여긴다고 했다.

또한 아모스 목사는 강 선교사의 아내 최 선교사에 대해서도 언급했다. 최 선교사는 항상 강 선교사와 동행하며 온화한 웃음과 몸에 밴 친절로 네팔인들을 대했다고 기억했다. 아모스 목사는 강 선교사가 선교 사역에 전념할 수 있었던 것이 아내 최 선교사의 동역과 기도 후원 때문이라고 믿었다. 그리고 그는 먼 지역의 이동 진료를 위해 강 선교사와 동행했던 두 네팔 목사로부터 들은 이야기를 전해 주었다.

북쪽의 고르카(Gorkha)지역으로 이동 진료를 가던 중 강 선교사는 부디 간다키 강(Budhi Gandaki River)에 거의 빠질 뻔했다고 한다. 아주 위험한 순간이었다. 재빨리 한 네팔 목사가 손을 뻗어 강 선교사가 절벽에서 강으로 떨어지는 것을 막았고 아찔한 순간이 무사히 지나갔다. 그런 일을 겪고 나면 강 선교사는 힘들어서 '다음에는 이동 진료를 가지 말아야겠다'고 굳은 다짐을 했지만, 그는 또 다시 그 험난한 길을 나섰다고 했다. 왜냐하면 그곳에 그를 기다리는 사람들이 있었기 때문이다.

어느 날 이동 진료를 가던 중이었던 강 선교사는 팡싱(Pangsing) 지역에서 온 어떤 여자를 만났다고 한다. 그녀는 뱀에 물려 다리 한쪽을 잃은 환자였는데, 이를 안타깝게 여긴 강 선교사가 사방으로 알아보아 그녀에게 의족을 구해 주었다는 것이다. 그리고 그녀가 장애가 있는 몸으로 할 수 있는 재봉 기술을 배우게 해서 자립하는 것까지도 도왔다. 그녀는 강 선교사의 세심한 배려에 큰 감동을 받고 감사의 마음을 가졌다. 당시에는 그녀가 그리스도인이 아니었지만 사고를 겪고 강 선교사의 도움을 받은 후 그녀는 예수 그리스도를 영접하였다. 이후 그녀는 결혼도 하고 자녀들도 낳았으며 포카라(Pokhara)의 한 교회에 목사가 되었다. 한 외국인 의사의 따뜻한 치료와 섬김은 그녀의 마음을 움직였고 그녀를 예수 그리스도께로 인도하였다. 개인을 향한 복음 전도를 넘어 네팔 기독교의 귀중한 목회자를 세우는 역사까지 일으켰다.

아모스 목사 어머니 또한 강 선교사의 치료를 받고 회복하였다. 그의 본가는 네팔의 깊은 오지 마을에 위치해 있었다. 버스에서 내려 3일을 꼬박 걸어가야 도착하는 곳이었다. 어느 날 갑자기 어머니는 너무 아팠고 거의 죽을 지경이었다. 그 마을이 너무나도 오지인 관계로 걸어서는 도저히 아픈 그녀를 데리고 갈 수 없었고 아픈 환자는 한시가 급했다. 아모스 목사는 위급한 상황인 만큼 큰 비용을 지불하고서 헬리콥터를 불렀고 어머니가 계신 마을에 도착하여 어머니를 태웠다.

이후 아모스 목사는 강 선교사에게도 연락하여 어머니의 상태를 설명하였고, 강 선교사는 자신이 근무하고 있던 벅터푸르의 한 병원으로 어머니를 모셔 오라고 하였다. 그 병원에 어머니는 입원하였고 강 선교사는 그녀를 지극 정성을 다해 치료해 주었다. 서서히 어머니는 회복하였다.

또 다른 이야기는, 한 네팔 목회자의 아내 역시 오랫동안 지병으로 병원에 있던 사람이었는데 강 선교사의 치료를 받고 감사하게 회복한 이야기이다. 이들은 아모스 목사가 특별히 기억하는, 강 선교사에게 치료받고 회복한 환자들이다. 왜 이들뿐이겠는가? 강선교사 역시 이 부분에 대하여 말하기를 유달리 자신이 하는 수술이 잘되고, 치료하는 환자들이 잘 나았다고 하였다. 그는 그 이유가 자신의 의술이 뛰어난 것이 아니라 성령님께서 함께하셔서 그런 것이라며 겸손함을 드러내었다.

순수하고 순박한 네팔인

강 선교사는 네팔인들이 순수하고 순박하다고 말했다. 그가 만난 사람들이 다 그렇지는 않겠지만 대부분의 네팔인들은 그렇다는 것이다. 각 나라마다 각 문화권마다 국민성이 있기 마련인데 특히 네팔인들은 크게 불평을 털어놓거나 불만을 잘 표현하지 않는다. 까다로운 성격도 아니며 온순하고 부끄러움도 많다. 자신들의 속내도 잘 털어 놓지 않는다. 그리고 서로 간에 의리도 있고 끈끈한 정도 많다. 한 번 신뢰한 사람과 지속적인 관계도 잘 유지한다. 그리고 오랫동안 닫힌 나라로 지내며 문명을 빨리 접하지 않으면서 갖게 된 순수함과 순박함이 그들에게 있는 것 같다.

또한 그들은 종교성이 깊은 민족이다. 뿌리 깊은 힌두교의 영향으로 수많은 힌두 신에게 숭배하며 재앙을 멀리하고 복을 빈다. 매일 마을에 있는 신전을 찾고 하루의 안녕을 기원한다. 힌두교 행사나 축제 때 그들은 열심을 다해 그 절기의 의미를 되새기며 축제에 참여한다. 물론 그들의 이런 열심이 신과의 인격적인 관계로 이루어지는 것이 아닌 단지 화를 피하고 복 받기를 기원하기 위함이 더 크다(신성임, 2020:37-66). 그러나 이런 신에 대한 열망이 복음으로 이어지길 소망한다. 하나님에 대한 열심, 예수 그리스도의 은혜에 대한 감사로 그들의 마음을 하나님께 표현하길 바란다. 때 묻지 않은 순수함과 순박함으로 온전히 하나님께 대한 헌신과 열정을 가진 네팔인들이 더욱더 많아지길 바란다.

희망이 있는 네팔

네팔은 전 세계의 빈민 국가들 중 하나이다. 네팔의 발전은 더디다. 십년이 훌쩍 넘어 방문했어도 그전과 별반 달라진 것이 많지 않다. 그러나 강 선교사는 네팔에서 희망을 보았다. 비록 현재는 경제적으로 어려워 해외에 근로자나 용병으로 가서 번 돈이 국가 수입에 큰 부분을 차지하지만, 그럼에도 네팔의 미래는 희망이 있다. 전 세계 대다수 국가의 그리스도인의 수가 감소하고 있는 이때에 네팔에서는 그리스도인의 수가 증가하고 있기 때문이다.

힌두교 왕국이었던 나라에서, 선교가 법으로 금지된 나라에서, 그리스도인이 되면 가족과 부족 사회로부터 온갖 핍박과 고난을 받는 사회에서, 회심한 그리스도인의 수가 증가하고 교회가 늘어나는 기이한(?) 현상이 일어나고 있다. 그곳이 오늘날의 네팔이다. 강 선교사가 본 것처럼 네팔에는 희망이 있다. 복음의 물결이 넘치고 부흥의 불길이 활활 타 오르기를 소망하며 강 선교사는 희망의 눈으로 네팔을 바라본다.

네팔 후배 선교사들에게

네팔의 선배 선교사로서 강 선교사는 후배 선교사들에게 네팔에서의 선교는 지혜롭게 할 필요가 있다고 조언해 주었다. 네팔의 상황이 드러내놓고 선교할 수 있는 곳도 아닌데다가, 그런 곳에서 추방되지 않고 오랫동안 선교하기 위해서는 더더욱 지혜로워야 한다는 것이다. 그의 표현에 따르면 보석(복음)을 받을 수 있는 사람을 위해 기도해 주고 복음의 씨가 잘 뿌리내리도록 그의 마음 밭을 잘 개간해 주어야 한다고 했다.

또 다른 당부는 불모지 같은 네팔에서도 모든 것을 하실 수 있는 전지전능하신 하나님을 믿고, 또 나를 사랑하시고 네팔 사람들을 사랑하시는 사랑의 하나님을 붙들고 나아가라고 말하였다. 요한복음 12장 43절의 말씀을 들며 모든 일은 사람의 영광이 아닌 하나님께서 기뻐하시는 영광을 돌리는 데 초점을 두어야 한다고도 했다. 명심하고 새겨들어야 할 선배 선교사의 조언이다.

"예수를 믿는 믿음이 곧 소명이고 부르심이다."

강 선교사의 지론은 간단하다. 선교사의 자격 요건이 어느 선교단체에서 요구하는 것만큼 까다롭지 않다. 그는 예수를 믿고 예수의 부르심에 응답하고 헌신하는 것이 선교사가 갖추어야 할 자격이라고 생각했다. 그가 가장 중시 여기는 조건은 예수를 믿는 믿음이다. 믿음을 최고로 꼽았다. 나를 구원하신 이를 믿고, 선교 사역에 동참하도록 부르시는 그분을 믿고, 그 소명에 순종하며 나아가는 것이 선교라고 여겼다.

다시 젊음의 기회가 주어진다면 다시 네팔로

강 선교사는 다시 젊음의 기회가 주어진다면 다시 네팔로 가서 선교를 하고 싶다고 했다. 87세의 선교사가 인생을 돌아보며 고백한 말이다. 가슴이 찡하다. 이 한마디 말에 네팔에 대한 그의 사랑과 선교에 대한 열정이 묻어난다. 1982년에 시작한 네팔에서의 선교와 그의 삶이 결코 쉽지만은 않았을 것이다. 우기 때는 그치지 않는 비가 3달 이상 오고, 진흙탕이 되는 도로를 걸어야 했고, 난방 시스템이 없는 혹독한 겨울 추위를 그대로 버텨야만 했다. 전기 공급이 원활치 못한 불편함도 감수해야만 했다. 배운 의료 기술이 무색할 만큼 병원의 의료 기구는 많지 않았고, 제한된 의료 기계로 더 많은 환자를 돕지 못한 안타까움이 그에게 있었다. 고집하며 실행에 옮긴 이동 진료로 인해 네팔 산을 오르고 또 오르며 죽을 고비를 넘긴 순간도 여러 번 있었다.

그런데, 불편하기 짝이 없는 그곳에 그는 다시 가고 싶다고 한다. 왜일까? 왜 굳이 그런 곳에 다시 가고 싶은 걸까? 생활의 불편함 쯤이야 기꺼이 감수한다고 하며 그를 다시 그곳으로 이끄는 것은 무엇일까? 그것은 그가 늘 자주 말하듯 '복음에 빚진 마음'이다. 하나님으로부터 새 힘을 공급받은 개인적인 체험과 수많은 환자를 치유해 주신 하나님의 능력에 대한 감사 때문이다. 그는 복음의 부흥 현장에 하나님의 종으로 다시 동참하고 싶은 것이었다.

2020년에 만난 강 선교사는 네팔에서의 모든 사역과 있어났던 일들을 떠올리며 감개무량하다고 고백하였다. 다 지난 이야기이지만 그의 가슴에서 하나씩 꺼내며 네팔에서의 과거를 회상하였다. 하나님께서 동행해 주신 수많은 사건들, 진료를 하며 만났던 수많은 환자들, 함께 선교했던 동역자들을 다시금 떠올렸다. 그들로 인해 그는 기뻤다. 그리고 복음의 씨앗이 심겨지는 그 감격의 현장에 자신을 있게 하신 하나님께 무한 감사했다. 그는 세상에서 받은 수많은 상보다 하늘에서 받을 영광의 상이 더 기대가 된다고 했다. 예수 그리스도의 사명을 쫓아 달려 갈 길을 다 마친 후 인생을 돌아보며 모든 영광을 하나님께 돌리는 백발의 노선교사는 무척이나 행복해 보인다.

참고자료

강원희, 최화순. 면담. 2020년 7월 1일.

Gurung, Amos. 이메일. 2020년 8월 6일.

Bhandari, P. M. 면담. 2020년 8월 7일.

강권용. 기량. 양종승. 위철. 『네팔 히말라야 샤머니즘』. 서울, 국립민속박물관, 2011.

강원희. (2011). 『히말라야 슈바이처』. 서울, 규장.

Seel, David. (1997). 『상처받은 세상 상처받은 치유자들』. 서울, IVP.

_____. (1998). 『꺼지지 않는 사랑의 불씨』. 전주, 예수병원100주년기념사업위원회.

김한성. (2017). 『한국교회와 네팔선교』. 경기, 아세아연합신학대학교 출판부.

신성임. (2020). "다샤인 축제의 상황화를 통한 네팔 선교 전략". (박사 학위. 주안대학원대학교 선교학).

C채널 방송. (2020년 6월 10일). "C채널 힐링토크 회복 227회- 강원희 선교사" 영상. 유튜브. https://www.youtube.com/watch?v=jtIpzzNQi6g

유대영. (2009.09.14) "75세 강원희 의료선교사가 또 네팔로 가는 까닭". 국민일보. 2020년 6월 11일 접근. http://news.kmib.co.kr/article/view.asp?arcid=0921421375&code=23111117http://news.kmib.co.kr/article/view.asp?arcid=0921421375&code=23111117

황세원. (2010.12.09) "소명대로 30년을 묵묵히 의료선교사로 헌신하는 강원희 선교사". 국민일보. 2020년 6월 11일 접근. http://news.kmib.co.kr/article/view.asp?arcid=0004417117&code=23111111

강원희, 최화순 선교사가 제공한 다수의 관련 문서와 사진들.

인터넷에서의 강원희 선교사 관련 다수의 자료들과 영상물.

하나님의
부르심을 따라
네팔 사람이 되어

이예신 선교사

나는 이예신 선교사를 대략 1994년 말 즈음에 카트만두한인교회에서 처음 보았다. 그가 1985년에 네팔에 오셨고 신학교를 설립했다는 말을 듣고, 그 신학교에 대해 궁금해졌다. 어느 날 오후, 시간을 내어 자전거를 타고 그 신학교를 찾아갔다. 그 신학교는 지은 지 얼마 안 되었다. 이 학교는 빨간 벽돌로 지어진 3층 건물과 아직 정리가 마무리되지 않은 작은 운동장이 있었다.

하나님의 부르심을 따라 네팔 사람이 되어

이예신 선교사를 내가 처음 대면한 때가 대략 1994년 말 즈음이었다. 당시에 나는 어느 국제 선교 단체 소속으로 네팔에서 문서 사역을 하고 있었다. 1989년까지만 하더라도 세례를 주거나 세례받은 사람은 형사범으로 취급받고, 공개된 장소에서 전도를 하다가 붙잡혀 구치소에 몇 개월씩 수감되어 재판정에 서야 하는 일이 종종 있었다. 한편, 1990년 정치 민주화 이후로, 네팔 기독교인들과 선교사들은 복음 사역을 비교적 자유롭게 할 수 있었다.

당시에 나는 지방 여러 곳을 다니며 문서 배포 사역을 하였다. 문서 전도는 내가 속했던 국제 선교 단체의 전통적이고 핵심적인 사역 가운데 하나였다. 짧게는 1주, 길게는 3주 동안 산간 마을들을 걸어 다니며 전도지를 배포하고 어린이 성경 이야기와 쪽 복음서와 신약 성경을 판매했다. 내가 카트만두에 머물 때에는 주로 휴식과 다음 문서 배포 여행 준비를 했다. 나는 이 휴식의 시간을 이용하여 여러 선교사들을 만나고 이들의 사역을 접할 수 있었다.

나는 이예신 선교사를 카트만두한인교회에서 처음 보았다. 그가

1985년에 네팔에 와서 신학교를 설립했다는 말을 듣고, 그 신학교에 대해 궁금해졌다. 어느 날 오후, 시간을 내어 자전거를 타고 그 신학교를 찾아갔다. 그 신학교는 지은 지 얼마 안 되었다. 빨간 벽돌로 지어진 3층 건물과 아직 마무리 작업이 되지 않은 작은 운동장이 있었다.

당시에 이예신 선교사의 남편은 미국에서 유학 중이었다. 내 기억으로, 그녀의 얼굴은 열정으로 가득했다. 네팔 사람들에 대한 사랑도 많았다. 새롭게 시작하는 신학교를 통해 배출될 많은 신학생들에 대한 기대와 확신도 그녀에게서 쉽게 느낄 수 있었다. 그 이후로 지금까지 이예신 선교사를 몇 차례 만났는데, 그녀의 이야기를 듣다 보면, 너무나도 놀라워서 말문이 막힐 때가 한두 번이 아니다.

과연 이예신 선교사는 누구인가? 그녀는 네팔에서 어떤 삶을 살았고 무슨 사역을 했을까? 이예신 선교사는 자신의 인생을 세 개의 시기로 나누어 설명한다. 그녀의 삶에서 우리가 발견할 수 있는 것은 무엇인가?

한국 교회의 초기 여성 선교사들

이예신 선교사가 최초의 독신 여성 선교사는 아니다. 그녀보다 앞서 타문화권으로 나간 이들이 있었다. 안정과 안전을 포기하고 하나님께 순종하며 잃어버린 영혼을 예수 그리스도께로 인도한 독신 여성 선교사들이 많이 있다. 한국 교회에는 초기부터 많은 여성 복음 사역자들이 있었다. 전국 방방곡곡을 다니며 성경을 팔면서 복음을 전하던 전도 부인들이 있었고, 일본과 만주 등에서 동포들에게 복음을 전했던 독신 여자 전도사들도 있었다.

하지만, 한국 교회가 파송한 독신 여자 선교사들을 살펴보기에 앞서 우리나라에 온 서양 독신 여자 선교사를 언급하는 것이 더 적절할 것 같다. 특별히 오랜 기간 동안 잊혀져 있었으나 비교적 최근에 새롭게 조명 받고 있는 서서평 선교사를 말하지 않을 수 없다.

서서평 선교사의 본명은 엘리자베스 요한나 세핑(Elisabeth Johanna Shepping)이다. 서 선교사는 32세의 나이였던 1912년에 조선에 간호 선교사로 입국하여 1934년에 사랑하는 조선 땅에서 소천했다. 그녀는 원래 독일에서 출생했으나 어린 나이에 어머니를 찾아 미국으로 이민을 갔고, 간호학을 공부하던 중에 장로교인이 되었으며, 뉴욕의 성경교사훈련학교와 콜럼비아대 사범대에서 수학하면서 섬김의 삶을 시작했다.

서서평 선교사는 1912년에 미국 남장로교 선교부 소속 선교사로 한국에 입국해서, 주로 전라도를 중심으로 사역했다. 그녀는 조선간호협회 설립에 주도적 역할을 했고, 여러 간호학 관련 교재를 우리말로 번역 출판했으며, 한센병 환자에 대한 지대한 관심을 기울이면서, 우리나라 최초의 여성 신학교인 이일학교를 설립해 여성 사역자들을 배출했다. 이일학교는 오늘날 한일장신대학교의 모태가 되었다.

한국 교회가 파송한 최초 독신 여자 타문화권 선교사는 중국 산동성에서 사역했던 김순호 전도사이다. 그녀는 1931년부터 1939년까지 중국 산동성에서 중국인들을 대상으로 선교했다. 그녀는 선교지 17곳을 다니며 여성들을 대상으로 교리를 가르쳤고 사경회와 부흥회를 인도했다(이정순, 2009:94). 그녀는 1939년에 만주로 옮겨 만주의 부녀자들을 대상으로 1943년까지 사역했다(이정순, 2009:95). 해방 후에 평양신학교에서 여성 신학생들을 교육하기도 했던 그녀는 1951년에 공산당원들에게 순교당했다(이정순, 2009:96).

우리나라가 독립한 뒤에 타문화권 선교사로 파송된 독신 여자 선교사들은 이화여자대학교를 갓 졸업한 젊은이들이었다. 어느 국제 기독교 대회를 참석하고 돌아온 이화여대 학장 故 김활란 박사가 채플 설교 속에서 파키스탄의 어느 기독교 여학교에 교사가 필요하다고 말했다. 이 말이 당시 졸업반이었던 故 전재옥, 김은자, 조성자 등 3명의 학생의 마음에 와 닿았다.

> 선생님은, 이화인은 세계의 이화인이 되어야 하며 어디에서나 필요한 일꾼으로 살아야 한다는 말씀으로 끝을 맺으셨다. 특별한 말씀은 아니었지만 그날의 그 말씀은 이상하리만치 나를 꼼짝할 수 없게 만들었다(전재옥, 2003:17).

그로부터 2년 뒤인 1961년 10월 31일, 이들은 파키스탄에 도착했다(전재옥, 2003:11). 전재옥과 함께 파키스탄에 갔던 김은자와 조성자는 비교적 일찍 선교지를 떠났고, 홀로 남은 故 전재옥 선교사는 10년 넘게 파키스탄에서 무슬림 여성들을 대상으로 사역했다. 그녀는 미국 풀러신학교에서 선교학 박사 학위를 취득하고, 1977년 귀국해서 자신의 모교에서 선교학을 가르쳤다. 은퇴 뒤에도 이슬람 연구와 선교사 훈련에 열심을 내었던 그녀는 2016년 4월 14일에 하나님의 부르심을 받았다.

1968년에 브라질 선교사로 파송받은 박광자 선교사도 있다. 미국 선교단체와 함께 사역하기 시작한 그녀는 40년이 넘는 기간 동안 신실하게 선교사의 삶을 살았다. 그녀는 1960년대 초반에 신학교를 졸업하자마자 여러 사람의 도움을 받아 미국 유학의 기회를 얻었다. 미국의 신학교에서 학사와 석사를 마치고 나서 그녀는, 어느 미국 선교단체 소속 선교사로 "남미 브라질 북부 아마존 강 유역에서 1968년도부터 8년간"(박기호 마원석 편, 2010: 81) 타문화권 사역을 했다. 그녀는 이후로도 선교사의 삶을 이어서 다양한 사역을 감당했다.

한국 교회의 타문화권 선교에서 전문인 선교와 자비량 선교의 길을 여성 선교사들이 개척했다. 1966년부터 한국 간호사들이 독일에서 근무하기 시작했다. 이때 파견되었던 간호사들 중에 유럽 복음화의 목적을 마음에 품었던 이들이 있다. 1969년 6월에 파독 간호사가 갔던 서인경, 이화자, 설동란 선교사들이 UBF가 유럽으로 파송한 첫 선교사들이었다(유한나 외, 2009: 132).

이들은 낮에는 병원에서 근무하고 저녁에는 동료 간호사들과 함께 성경 공부를 하면서 이들을 위로하고 전도했다. 초기에는 한인 간호사들을 대상으로 복음을 전했으나, 1970년대 초반에는 독일인들에게 전도하고 같이 일대일 성경 공부하는 선교사들이 있었다. 한국의 여성 선교사들은 가난한 나라에서 부유한 나라로 가 일하며 돈을 벌 뿐 아니라 복음 전하는 사역도 신실하게 감당했다.

네팔의 여성 선교사들

힌두권에서 싱글 여자 선교사들의 역사도 깊다. 19세기 중반까지도 인도가 남존여비 사상이 워낙 강해서 여성들은 사회로부터 격리되어 여성들만의 공간에서 살았다. 사회로부터 격리되어 있었을 뿐 아니라 남자나 외부 사람을 만날 수 없었기 때문에 복음을 들을 기회도 없었다. 이런 안타까운 소식을 접한 영국과 미국의 여 성도들은 복음으로부터 소외된 힌두권의 여성들에게 그리스도의 복된 소식을 전할 여 선교사 2명을 파송했다(엘리자베스 A. 테브 & 인터서브 30주년 출판위원회, 2021: 14).

여성 선교사들은 여성 교육을 하는 동시에 인도 여성들만의 공간인 제나나를 방문해서 그리스도의 사랑을 전할 수 있었다. 이 사역을 하는 여성 선교사들은 자신의 출신 국가와 교단을 뛰어 넘어 협력하였다. 그리고 1871년에는 인도 여성들을 위한 의료 선교의 필요성이 대두되었으며, 1873년에 파송된 두 명의 여성 의료 선교사는 선교지로 가는 도중에 그리고 도착한 지 몇 달 만에 순교하였다(엘리자베스 A. 테브 & 인터서브 30주년 출판위원회, 2021: 21). 이후에 여성 의료 선교사들이 인도에 도착해서 인도 여성들의 육신의 필요를 채우며 그리스도를 알렸다. 이들이 속한 단체의 이름은 '제나나 성경 의료 선교회'였다.

이 선교회의 여성 선교사들 중에는 네팔에도 선교사가 들어갈 날이 곧 올 것으로 믿으며 기도하고 준비하는 이들이 있었다. 결국 하나님의 때에 이들에게 네팔의 문이 열렸다. 1952년, 네팔이 열리기를 위해 기도하던 이들 중에 릴리 오할론과 힐다 스틸 싱글 여자 선교사가 네팔인 성도들과 함께 네팔에 입국해서 포카라에 정착했다.

네팔에 입국한 최초의 개신교 장기 선교사는 남성이 아닌 여성이었다. 그리고, 여러 사역의 분야 중에서 의료 선교 분야가 네팔에 제일 먼저 들어갔다. 이후 많은 여성 싱글 의사, 간호사 선교사들이 네팔에 도착했고, 이들은 대도시뿐 아니라 시골의 작은 병원에서 헌신적으로 아픈 네팔 사람들을 돌보았다.

이들은 다른 선교단체들과 함께 연합 사역을 위한 공동의 단체를 설립했다. 이 단체의 이름이 국제네팔협회(International Nepal Fellowship, INF)이다. 수년 뒤에 카트만두에도 여러 선교단체들이 공동의 단체를 만들었다. 그 이름은 네팔연합선교회(United Mission to Nepal, UMN)이다. 이 두 단체를 언급하지 않고서 네팔 선교를 논하는 것은 불가능하다.

이예신 선교사는 이처럼 하나님께 헌신하여 잃어버린 영혼들에게 희생적인 사랑을 베푼 많은 여성 싱글 선교사들 가운데 하나이다. 그녀는 한국 독신 여성 선교사로서는 최초로 네팔 땅을 밟은 사람이다. 그녀는 한국 선교사들 중에서 가장 오랜 기간 네팔에서 살았던 선교사이다. 하나님의 부르심을 받아 네팔에 들어온 이후 많은 역경 속에서도 하나님만을 좇고 있는 선교사이다.

이예신 선교사의 본명은 이춘심이다. 그녀는 서른 살이 될 때까지 이춘심의 삶을 살았다. 서른 살에 네팔로 가서 의료 선교사의 삶을 살기 시작하며, '룻'이라는 이름으로 여러 나라에서 온 동료 선교사들과 네팔 사람들에게 알려졌다. 또 한 번의 30년 세월이 지나고, 그녀는 "예수님의 신부"를 줄인 말인 이예신의 이름으로 살고 있다.

이춘심 - 첫 번째 이름

1954년 5월 1일 따뜻한 봄날, 전라북도 전주의 한 가정에 여자 아기가 태어났고, 그의 아버지는 춘심이라는 이름을 지어 주었다. 춘심이 뒤로 남동생 두 명이 더 태어났다.

춘심이네 집에서 제일 먼저 예수를 믿은 사람은 춘심의 할머니였다. 오래 전 일이다. 할머니는 12명의 아들을 낳았으나, 모두 일찍 죽고 단 3명의 아들만 살아 남았다. 어느 날, 할아버지가 할머니에게 이렇게 말했다고 한다.

"교회 나가서 예수 믿으면 아들이 안 죽는다고 하더라."

이 말을 들은 할머니는 지푸라기라도 잡는 심정을 교회를 나갔다. 그 뒤로 할머니는 아들을 잃는 슬픔을 더 이상 겪지 않았다.

하지만, 춘심의 할아버지와 아버지는 교회에 나가지 않았다. 춘심의 어머니는 교회를 다니지 않는 아버지와 결혼한 뒤로 무척 유교적이었던 시아버지와 남편에게 어려움을 많이 당했다. 그렇지만 춘심의 어머니는 기독교인 시어머니와 함께 교회를 다니며 신앙생활을 하며 어려운 결혼생활의 위로를 받았다.

춘심은 어릴 때부터 할머니와 어머니를 따라 교회를 다니며 예배를 드렸다. 하지만, 춘심은 예수님이 누구신지를 몰랐다. 예수님이 누구신지를 잘 몰랐지만, 춘심은 막연히 예수님은 훌륭하고 좋은 분이라고 생각했다. 10살 무렵에 나이팅게일과 슈바이처의 전기를 읽은 뒤에 그녀는 이렇게 훌륭한 사람이 되면 좋겠다는 생각을 했다. 하지만 그것도 잠시

뿐이었다.

춘심은 자라면서 돈을 많이 벌고 싶었다. 그녀는 미국에서 일하면 돈을 많이 벌 수 있을 것으로 생각했다. 생각은 꼬리를 물고 이어졌다. 미국에서 무슨 일을 하면 좋을까 생각했던 그녀는 간호사라는 직업을 생각했다. 이 선교사의 기억에 따르면, 그 당시에 전주의 예수병원간호전문학교 졸업생의 절반은 미국으로 갔다고 한다.

춘심이 아버지의 생각은 달랐다. 그는 자신의 딸이 학교 선생님이 되면 좋겠다고 생각했다. 1970년대 중반, 학교 선생님은 여자가 선택할 수 있는 가장 좋은 직업 중 하나였다. 그 당시에 사람들은 병원에서 간호 업무를 하는 사람을 '간호사'가 아닌 '간호원'으로 불렀다. 그 당시만 해도 우리나라 가정은 대개 전통적이고 가부장적이었으므로, 이 시기에 아들의 교육을 위해 농사짓는 데 꼭 필요한 소를 팔아 대학 등록금을 내는 농촌 부모들이 많았다. 그래서 대학교는 흔히 상아탑이 아닌 우골탑으로 풍자되었다. 그리고 딸들은 고등학교나 대학교 진학을 포기하고 집에서 가사를 돕거나 돈을 버는 경우가 흔했다.

춘심은 아버지의 바람과 달리 간호학을 선택했다. 춘심은 아버지의 말씀을 순종해서 교대를 지원했을 뿐 아니라 간호사가 되기 위해 예수병원 간호전문학교도 지원했다. 그녀는 두 곳 모두로부터 합격 소식을 들었다. 어릴 적 읽었던 나이팅게일과 슈바이처의 이타적인 삶에 감명을 받았을 뿐 아니라 미국에서 일하며 많은 돈을 벌고 싶었던 춘심은 아버지의 뜻과 달리 간호대를 선택했다. 이 일로 아버지는 춘심에게 화를 많이 냈고 오랫동안 섭섭해했다.

간호대를 선택한 후로 춘심은 여러 차례 어려움을 겪었다. 참고로, 예수대학교는 재단법인 미국 남장로교 한국선교회 유지 재단이 1950년 6월 1일에 설립했다. 이 학교는 처음에는 전주 예수병원의 부속 간호고등기술학교였고, 1962년 간호학교로 승격되었으며, 1973년에 간호전문학교로, 1979년에 간호전문대학으로 개편했다. 이후 1998년에 예수간호대학으로 교명을 변경하고서, 2003년에 4년제 예수간호대학교가 되었고, 2005년 현재의 교명인 예수대학교로 변경했다. 예수대학교는 여러 해외 대학교들과 교류하고 있는데, 그중에서 눈에 띄는 것은 2009년 네팔 탄센간호대학교와 교류 협정을 맺고 협력하고 있다는 것이다.

어엿이 대학생이 된 춘심 자매는 미국에서 간호사로 일하며 돈을 많이 벌겠다는 마음을 가지고 있었다. 한편, 대학에서 처음 경험하는 4인 1실의 기숙사 생활이 그녀에게 녹록치 않았다. 너무 힘들었던 나머지 대학을 그만둘 마음으로 집으로 돌아왔다. 하지만, 그녀의 눈에는 집에서 사는 것도 쉬워 보이지 않았다. 결국 그녀는 마음을 바꾸고 학교로 돌아가서 학업을 계속하게 되었는데, 얼마 후 큰 어려움을 겪게 되었다.

언젠가부터 잠자리에 들면 가위에 눌리기 시작했다. 여러 사람에게 도움을 구하고서 하라는 대로 해 보았지만 소용이 없었다. 그러던 어느 날 어느 여성도가 춘심 자매를 위해 기도해 주면서 조언하길, 혹시라도 가위에 눌리면, "나사렛 예수의 이름으로 물러가라"고 명하라는 조언을 해 주었다. 그리고는 또 다시 가위에 눌렸을 때, 춘심 자매는 조언대로 "나사렛 예수의 이름으로 물러가라"고 외쳤다. 그러자 집채보다 커 보이던 돌덩이가 마치 '초콜릿 녹듯'이 없어져, 그제야 그녀는 잠을 이룰 수 있었다.

이날 이후 춘심 자매는 예수님께 기도하기 시작했고, 매일 두 차례 드리는 채플도 새롭게 다가왔다. 김준곤 목사님이 강사로 섬긴 집회에 여러 번 참석하다가 선교의 부르심을 받았다. 지금은 너무나도 달변이라 믿기 어렵지만, 춘심 자매는 대학 4학년까지 말을 더듬고 사람들 앞에서 말하는 걸 무척 힘들어 했다. 얼마나 심했던지, 예수병원의 입사 면접에서 떨어질 정도였다. 낙심이 많이 되었지만, 이때 새로 생긴 2년 과정의 마취과 훈련을 받았다. 그녀는 내심 자신이 말을 잘하지 못하니 대화를 많이 하지 않아도 되는 마취 전공을 하면 좋겠다는 생각을 했다.

선교의 부르심에 순종하기 위해 춘심 자매는 개인적으로 선교에 대한 공부도 하고 훈련도 했다. 허드슨 테일러가 중국 선교사로 가기로 마음 먹은 뒤로 얼마나 열심히 준비했던가! 그는 영국에서 중국어를 독학하고, 의학을 배우며, 검소한 생활을 실천했다. 이처럼 1979년 선교에 관해 이렇다하게 가르칠 사람도 없고 배울 수 있는 방법도 없었던 전주에서 그녀는 홀로 선교를 준비했다.

그러나 이때, 시련이 다시 찾아왔다. 춘심 자매가 병원 문을 나와 내리막길을 걸은 지 얼마 되지 않았을 때 자전거에 치여 넘어졌다. 정신을 차리고 눈을 뜨니 예수병원의 병상 위였다. 어깨와 목을 다치고 등뼈가 깨지고 금이 갈 정도로 크게 다친 것이었다. 목 아래로 마비가 올 수도 있었지만 다행히도 그렇게 되지 않았다. 퇴원을 하고 집에서 쉬는 동안 선교 헌신자인 춘심 자매는 성경을 읽고 또 읽었다. 그녀는 하나님의 말씀이 꿀처럼 달다는 경험을 이때 했다. 이때 그녀는 신학교에 가서 공부해야겠다는 생각을 했다.

이듬해인 1980년에 그녀는 부산신학교에 가려고 했으나, 무슨 이유에서인지 그 뜻을 이루지 못했다. 이듬해 어느 날 신문을 읽던 그녀의 눈을 사로잡는 광고가 있었다. 서울 충정로에 위치한 아세아연합신학연구원이 의료선교학과를 개설하고 학생을 처음 모집한다는 내용이었다. 1974년에 개교한 아세아연합신학연구원은 복음주의 신학과 선교 교육으로 당시에 한국 교회 내에서 널리 알려진 학교였다. ACTS 또는 아세아연합신학대학교로 널리 알려진 이 신학 대학교는 선교학 전공 학위 과정을 국내 최초로 개설하고 운영하는 대학이었다.

ACTS 대학원의 의료선교학과에 입학한 첫 학생들은 모두 일곱 명이었다. 이 전공의 담당 교수는 이명수 박사로서 연세대학교 의과대학 교수였으며 당시에 전주 예수병원의 이사장으로 섬겼다. 춘심 자매는 입학을 위한 면접에서 선교를 위해 공부하기 원한다는 뜻을 밝혔는데, 이 박사는 이것을 기억해 두었다.

1983년 말, 이 박사는 춘심 자매에게 네팔에서 3년간 의료 선교할 것을 제안했다. 이 박사는 거제도에서 사역을 했던 시블리 의료 선교사와 친분이 있었다. 네팔로 옮겨서 사역을 계속하던 시블리 선교사에게 마취전공 의료 인력의 필요를 들은 이 박사는 이춘심 자매가 적격이라고 생각했다. 네팔에서 마취 전문 의료 인력이 필요하니 그곳으로 가라는 이 박사의 말을 이 자매는 하나님의 음성으로 듣고 순종하기로 했다. 마침 연동교회도 이 자매를 월드컨선 선교회를 통해 파송하겠다고 나섰다.

그런데 일이 얽히기 시작했다. 이 박사는 월드컨선이 아닌 교단 선교부의 파송이 더 좋겠다는 의견을 내었다. 그러나 그럴 경우, 연동교회는 이 자매를 선교사로 파송하지 못하겠다고 했다. 갑자기 선교사로 파송받는 길이 막히는 것처럼 보였다. 요즘과 달리 1980년대 초반에는 20대 후반의 처녀는 결혼 적령기를 지나고 있는 것으로 인식되던 때였다. 그래서 이미 29살이었던 춘심 자매는 선교의 뜻을 접고 좋은 형제를 만나서 결혼해야겠다는 생각도 했다.

하지만 네팔의 필요는 절실했고 하나님의 뜻은 변함이 없었다. 네팔 정부로부터 인정받은 선교 기관인 UMN(United Mission to Nepal)의 병원에서 그녀에게 오라고 계속 연락이 왔다. 그리고 서울역 앞의 남대문교회에서 이춘심 간호사를 네팔 선교사로 파송하기로 결정했다. 매월 미화 600불을 후원하되, 300불은 현지 생활비로 보내고 300불은 귀국 정착금으로 3년 동안 천만 원 적금에 적립하기로 했다.

이춘심 간호사는 1985년 1월 20일 남대문교회에서 파송 예배를 드렸다. 그리고 며칠 뒤에 타이항공을 타고 한국을 떠나 방콕을 경유하여 1월 26일에 네팔에 도착했다. 과연 이 시기에 한국 교회의 타문화권 선교는 어떤 모습이었을까? 한국 교회가 파송한 선교사의 수는 총 511명이었고, 이 가운데 타문화권 선교사는 246명이었다(이태웅, 1997:22).

룻(Ruth) ― 두 번째 이름

이춘심 선교사는 고향과 가족과 직장 동료와 예장(통합) 교단 선교부에게는 '이춘심 선교사'였지만, 네팔에서는 '룻'이었다. 룻은 여러 나라 출신의 선교사들과 네팔 현지인들이 협력 선교하는 UMN의 일원이 되었다. 한국 이름이 낯설고 발음하기 힘든 동료들을 위해, 그녀는 성경 이름이자 영어 이름인 룻을 자신의 이름으로 사용하기로 했다.

여기서 잠시 UMN에 대하여 설명하는 것이 적절할 듯 싶다. 1950년대 초, 의료와 지역 개발의 도움이 절실했던 네팔 정부는 직접 전도는 금한다는 조건 하에 선교사들의 입국을 제한적으로 허락했다. 1954년, 여러 선교단체에 소속되어 인도에서 사역하던 서구 선교사들이 네팔에서 사역하기 위해 연합 선교단체를 설립했고 탄센과 카트만두에 병원을 설립했다. 룻은 이 단체가 카트만두에 개원한 선교 병원에서 첫 사역을 시작했다.

룻 선교사는 네팔 카트만두에 도착했을 때의 첫인상을 지금도 기억하고 있다. 네팔의 유일한 국제 공항인 카트만두 트리부반공항은 미국의 잘 사는 집의 정원만 했다. 그 당시에는 외국을 오가는 비행기 편도 많지 않았다. 공항 밖을 나오니 작고 까무잡잡한 사람들이 짐을 옮겨 주었다.

룻 선교사는 우리나라가 아직 많이 가난하고 어려웠던 시절인 1960년대와 1970년대에 전주에서 자라고 일했다. 그런 그녀에게 네팔의 모습은 "와, 이렇게 사는 사람들이 있구나." 하는 말이 나올 정도였다.

네팔 사람들과 한국 사람들이 생각하는 청결의 의미가 달랐다. 네팔 사람들은 청소할 때에 때를 밀고 닦지 않는다. 이들은 그저 물로 씻으면 깨끗한 것이다. 이들은 흔히 한 손으로 물을 뿌리며 한 손으로 씻은 뒤에 깨끗하다고 생각한다.

카트만두를 벗어나면 화장실 찾기가 힘들었고, 1000명의 학생이 있는 학교에 화장실은 달랑 2개였다. 2개뿐인 화장실도 청소하지 않았고 변이 쌓여도 치우는 사람이 없었다. 네팔은 카스트 제도가 엄격해서 그 일을 하는 카스트가 따로 있고, 나머지 사람들은 불편해도 가만두고 볼 뿐이었다. 시골에 가면 마을 사람들이 아침저녁으로 집에서 조금 떨어진 곳에 변을 보기도 해 곳곳이 '지뢰밭'이었다.

룻 선교사는 시골에 가면 지주 계급이라고 할 수 있는 크샤트리야 카스트의 남자가 4명의 부인과 같이 사는 것도 보았다. 첫째 부인과 넷째 부인이 같이 살고, 둘째 부인과 셋째 부인이 같이 살았다. 룻 선교사가 그 남자에게 전도를 했는데, 1년 뒤에 찾아와서 예수를 믿겠다고 했다. 부인들을 어떻게 할 것인지를 물으니, 헤어질 수 없어서 예수님을 믿기 어렵겠다는 것이 그의 답이었다.

룻 선교사의 사역지가 바로 이런 곳이었다. 그녀는 UMN의 선교 병원인 파탄병원에서 마취 전문 간호사로 근무하며 선교 사역을 시작했다. 당시 파탄병원의 마취과에는 전문의 1명과 간호사 3명이 근무했다. 이들이 모든 수술과 당직과 회진 업무를 나누어 했기 때문에 업무량이 상당했다. 그러나 룻 선교사는 수술실에 들어온 환자 한 사람 한 사람을 위해 기도했다. 또 수술이 끝난 뒤에는 병실을 방문해서 위로하며 예수님의 사랑을 전했다.

하나님은 룻 선교사의 사랑과 열심을 사용하셨다. 그녀의 기도와 관심에 감동을 받고 선교 병원에서 치료를 받으며 예수님에 대해 알게 되는 사람들이 나왔다. "파탄병원 수술실에 가면 예수쟁이가 된다"는 소문까지 났다. 그녀는 퇴원하는 환자들에게 성경을 선물로 주었는데, 성경을 가지고 귀가했던 환자들 중에 집에서 쫓겨나는 젊은이들도 있었다. 갈 곳이 없던 이들은 그녀에게 찾아왔고, 그녀는 이들을 거두었다.

이때까지만 해도 네팔에서 예수님을 믿는 것은 정말로 위험하고 어려운 일이었다. 네팔인은 물론이고 외국인마저도 기독교 신앙을 공개적으로 드러내기 어려웠다. 하루는 룻 선교사가 집에서 성경을 들고 병원에 가는데, 경찰이 그녀를 불러 세웠다. "이 책이 무엇입니까?" 경찰이 물었다. 자신이 외국인이라서 문제가 안 될 것이라고 생각한 그녀는 성경이라고 대답했다. "이 책을 이렇게 가지고 다니면 안 됩니다. 큰일 날 수 있습니다." 경찰이 경고하듯 그녀에게 말했다.

3년의 사역을 마치고 한국으로 돌아온 룻 선교사는 1988년에 안식년을 가지며 미처 끝내지 못한 선교학 석사 과정을 마무리짓고 1989년 2월에 졸업했다. 그녀의 석사 학위 논문 제목은 "네팔 선교를 위한 한국 교회의 전략"이었다. 당시에 우리나라에 네팔 관련 문헌 정보가 매우 빈약했고 석사 수준의 논문이었던 점을 감안할 때, 우수한 논문이라고 평가할 수 있었다. 그녀는 안식년 기간 중에 은사 이명수 교수의 소개와 추천으로 미국 풀러신학교에서 상담학을 공부하기도 했으나, 한 학기를 마친 뒤에 그만 두었다.

1989년 1월, 룻 선교사는 네팔로 돌아왔다. 그녀는 이번에도 3년 동안 병원에서 마취 전문 간호사로 사역하려고 했다. 다만, 지방에 있는 탄센 병원에서 근무하기로 예정된 것이 이전 사역과 다른 점이었다. 하지만, 그곳은 너무 힘들다며 동료들이 만류하여 그녀는 이전에 근무했던 파탄 병원에서 일하게 되었다.

그런데 이번에는 다른 어려움들이 룻선교사를 기다리고 있었다. 네팔과 파탄병원에 대해 잘 알고 있었던 그녀에게 새로운 환경을 신기하게 보며 좋아하는 허니문 시기란 없었다. 게다가 수술실에서 잘 마쳐되었던 환자들 중에 죽는 이들도 생겨났다. 생각지 못했던 어려움들이 그녀를 기다리고 있었다.

룻 선교사를 찾아오는 젊은이들의 수가 늘어나 이들을 영적으로 돌볼 현지인 전도사와 협력하게 되었다. 처음에는 대여섯 명이었지만 조금씩 더 늘어났다. 이들과 함께 카트만두 인근에 조용히 교회도 세웠다. 이때까지만 해도 세례를 주거나 세례를 받았다가는 3~5년 동안 감옥에 갇힐 수도 있었다. 그래서 네팔 교회는 주변의 눈길을 피해 새벽 3~4시에 세례를 주곤 했다. 이 교회에서도 세례받을 이들이 있었지만 워낙 위험해서 세례를 주지 못하고 있었다. 그 즈음에 네팔에 방문한 홍콩 목회자들이 있었는데, 현지인 전도사가 이들과 함께 성도들에게 세례를 주었다. 이것을 안 경찰이 이들이 머물던 집에 들이닥쳐 현지인들을 잡아갔다. 그럼에도 불구하고, 룻 선교사를 찾아와 함께 머물며 예수님에 대해 알아가는 젊은이들의 수는 늘어갔다. 그녀는 병원 근무를 마치고 귀가하면 이들과 함께 성경을 읽고 기도했다.

이 시기에 록마니 반다리 전도사가 그녀를 찾아왔다. 반다리는 인도 데라둔에 있는 신학교를 마친 뒤에 마약 중독의 아이들을 돌보고 있다면서 자신을 소개하며 같이 성경 공부하기를 원했다. 그녀가 병원에 출근하고 나면, 이들을 포함한 젊은이들이 집을 드나들 뿐만 아니라 찬양을 하는 등 이웃의 주의를 끌었다.

1989년 9월 어느 날이었다. 반다리 전도사가 룻 선교사에게 말했다. "하나님께서 당신을 나의 동역자로 주셨습니다." 룻 선교사는 단호하게 대답했다. "그럴 일은 없습니다." 당시만 해도 한국에서는 국제 결혼이 흔치 않았고 국제 결혼을 보는 눈도 곱지 않았기 때문에 그녀는 반다리와의 결혼을 조금도 고려하지 않았다. 그는 쉽사리 물러나지 않았고, 시간이 지날수록 점점 더 대담하게 결혼할 것을 요구했다.

한편, 네팔과 한국에서 룻 선교사의 사역에 대한 나쁜 소문이 나기 시작했다. "남녀 젊은이들이 한 집에서 살고 있다. 화장실에서 이들에게 세례를 주었다. 룻 선교사가 작지 않은 크기의 토지를 구매했다." 지금처럼 인터넷도 없고 카카오톡도 없던 시절인데다 항공 우편이 오가는 데도 약 1달이 걸리던 때였는데, 거짓이 섞여 부풀려진 소문을 한국에서 어떻게 접하게 되었는지가 정말 의문이다. 짐작되는 것도 있지만, 이제 와서 이것을 공개하기보다는 덮는 것이 나을 듯싶다.

설상가상으로 룻 선교사는 네팔로 돌아온 이듬해인 1990년에 갑자기 쓰러졌다. 애초에는 신장 결석이었는데 이것이 악화되어 신우 신장염이 되었다. 그 당시 네팔에서 할 수 있는 치료는 신장을 제거하는 방법이 유일했다. 그녀는 보다 나은 치료를 받기 위해 부랴부랴 한국으로 돌아와서 치료를 받았다. 그녀에 대한 부정적인 소문을 들은 파송 교회의 장로님이 그녀에게 찾아와서 재정 후원을 중단하겠다는 뜻을 전하고 갔다.

그러나, "하나의 문이 닫히면 다른 문이 열린다." 파송 교회가 재정 후원을 중단했지만, 하나님은 다른 성도들의 동역을 예비해 두셨다. 룻 선교사가 어느 여자 성도들의 기도 모임에서 하나님의 역사를 나누었는데,

이들이 그녀의 사역을 재정적으로 후원하며 동역하기 시작했다.

건강을 회복하자 룻 선교사는 3년의 약속을 지키기 위해 네팔로 돌아
갔다. 그녀는 카트만두를 떠나 탄센병원에서 근무하기를 원했다. 하지
만 당시 파탄병원의 원장이었던 갈릭 선교사는 자신이 반다리의 문제를
해결할 테니 파탄에 남아 달라고 제안했다. 반다리 전도사는 여전했다.
룻 선교사는 그에게 이렇게 말했다. "일단 내 사역을 마치고 보아요. 내
가 이 곳에 싱글로 왔으니 싱글로 한국에 돌아가고 싶어요." 1992년 1월,
룻 선교사는 두 번째 3년의 사역을 마치고 한국으로 돌아왔다.

귀국한 지 얼마 되지 않았을 때였다. 그녀는 목이 안 좋아서 전주 예
수병원에 갔는데 아무래도 상급 병원에 가는 것이 좋겠다는 소견을 들었
다. 깜짝 놀랄 일이 아닐 수 없었다. 서울대병원으로 가서 진료를 받아
보니 목에 암이 있고 경과가 많이 좋지 않다는 말을 들었다. 그래서 이
암에 대한 전문가 경북대병원 의사의 도움을 받아 예수병원에서 수술을
받았다.

사역을 마치고 한국으로 돌아갔음에도 불구하고, 반다리 전도사는 룻 선교사와 결혼하는 것을 포기하지 않았다. 그는 당시 네팔 사람에게는 국제 전화가 매우 비쌌음에도 불구하고 한국에 있는 룻에게 전화했다. 그리고 며칠 뒤 한국까지 룻 선교사를 찾아와 그녀의 집까지 갔다가 그녀의 아버지에게 쫓겨나기도 했다. 그녀가 수술을 앞두고 있을 때 이런 일들이 벌어졌다.

이런 상황 속에서 암 수술을 받았다. 의사의 소견은 좋지 않았다. 앞으로 6개월에서 1년 정도 살 수 있을 것 같다는 말을 들었다. 그녀는 무거운 마음을 가지고 기도원에 들어갔다. 하나님께 무거운 짐을 내려놓고 하나님의 인도하심을 받을 심산이었다. 기도원에서 기도하던 중에 그녀는 쉽지 않은 결정을 했다. "죽든지 살든지 주를 위해 일을 하다 죽자! 선교하겠다는 서원은 내가 했지만, 네팔에는 하나님이 보내셨다. 의사의 말이 내가 오래 살지 못한다고 하니 죽어도 네팔 가서 죽어야겠다."

1992년 6월 14일, 룻 선교사는 네팔에 도착했다. 이전의 두 번은 3년을 약속하고 왔지만, 그녀는 이번에는 '죽으면 죽으리라'는 각오를 가지고 네팔에 도착했다. 이때 파송 교회가 없었다. 총회 선교부 소속 선교사도 아니었다. 여성도들의 작은 기도 모임의 후원이 전부였다.

룻 선교사는 네팔에 도착한 지 며칠 뒤에 관공서에 가서 반다리 전도사와 혼인 신고를 하고 주일 예배 뒤에 결혼 예배를 드렸다. 그녀는 반다리에게 신학을 공부해서 박사 학위를 취득하라고 권했다. 1992년 당시에 네팔 목회자들 가운데에는 정규 신학교에서 공부한 사람조차 드물었다. 그때, 네팔 사람 중에 신학 박사 학위를 가진 사람은 단 한 명밖에 없었다.

반다리는 미국 달라스의 어느 작은 신학교에 이미 입학 허가를 받았다. 그래서 두 사람은 미국으로 같이 건너가서 2달 정도 같이 살았다. 반다리 전도사는 학업을 위해 남고 룻 선교사는 홀로 네팔로 돌아왔다.

여성도들 기도 모임의 한 회원이 룻 선교사에게 선교 헌금을 했다. 이 돈으로 그녀는 150평 정도의 땅을 살 수 있었고, 이것은 신학교 설립의 기초가 되었다. 총회 선교부 소속 선교사로 섬길 때 적립된 재정과 알지 못하는 분들의 재정 후원을 받아서 토지를 더 구입하며 4층 건물의 교사(校舍)를 2년 만에 건축할 수 있었다.

이 과정은 사실 이루 말할 수 없이 힘들었다. 그녀는 돈이 생기는 만큼만 조금씩 건축을 했어야 했고, 모든 재정 후원이 끊겨서 이역만리 가난한 네팔 땅에서 먹을 것도 없고 식재료 살 돈도 없을 때가 자주 있었다. 게다가 그녀는 자신과 같이 살며 자신만을 바라보는 신학생들을 먹여야 했다. 이들은 시장에서 버리는 야채 시레기를 주워다 먹기도 했고, 간장을 반찬 삼아 밥을 먹기도 했으며, 10월 축제 때 우상 신상에 꽂혀진 돈을 가져다가 생활비로 쓰기도 했을 정도였다. 룻 선교사의 생활과 사역이 얼마나 많이 힘들게 보였는지, 입은 옷을 빼고 나머지는 모두 네팔에 두고 가신 목사님이 있을 정도였다.

룻 선교사가 어렵고 가난한 나라에서 신실하게 하나님의 일을 하고 있다는 소식이 입에서 입으로 전해지자, 여기 저기서 재정이 공급되었다. 이것을 가지고 신학교의 부지를 늘릴 수 있었고 교사(校舍)들을 건축하고 늘릴 수 있었다.

그런데, 반다리 목사는 미국에서 공부하는 동안 크게 변했다. 그의 변화가 성장의 변화였으면 좋았을 텐데, 안타깝게도 그렇지 못했다. 그는 달라스의 작은 신학교에서 1년 공부한 뒤에 풀러 신학교로 옮겨서 목회학 석사와 신학 박사 과정을 공부했고, 미국에 간 지 7년 만에 신학 박사 학위를 취득해서 네팔로 금의환향을 했다. 그는 네팔 기독교인 중에서 두 번째로 신학 박사 학위를 받은 사람이 되었다. "젊은 나이에 박사 학위를 받고 외국 경험도 없는 사람이 미국에서 살다 오니, 그는 네팔 사람이 아니라 미국 사람이 되어 돌아왔다." 룻 선교사의 말이다.

정말 놀랄 일은 따로 있었다. 반다리 박사가 네팔로 돌아왔는데, 그와 동행한 여인이 있었다. 일본 여인이었다. 그녀의 뱃속에는 이미 아기까지 있었다. 반다리 목사는 자신의 아내 룻에게 이 일본 여인의 제자 훈련을 부탁했다. 이 여인은 얼마 뒤 네팔을 떠났다. 룻 선교사와 반다리 박사 부부가 설립해서 운영하는 신학교에는 남학생들뿐 아니라 여학생들도 있었는데, 여학생들 중에서 어느 날 갑자기 임신을 하게 된 학생이 나오기도 했다.

룻 선교사는 해마다 커져 가는 신학교를 운영해야 했고, 졸업한 뒤에 지방으로 흩어져 교회 개척을 한 신학교 졸업생들의 예배당 건축 지원을 위해서도 전국 각지를 다니느라 정신없이 바빴다. 또한 하나님의 일을 할 때에 재정 공급이 정기적으로 되지도 않았을 뿐 아니라 예측하기도 힘들었다. 한편, 룻 선교사가 사역을 위해 집을 비운 사이에 반다리 목사는 해서는 안 될 일들을 벌이고 있었다.

룻 선교사가 세운 카트만두신학대학교(Kathmandu Bible College)는 1995년에 첫 졸업생 5명을 배출했다. 참고로 이 신학교의 교명은 나중에 예수

대학교(Jesus College)로 변경되었다. 예수님께서 제자들과 3년간 같이 살며 가르치셨던 것처럼, 룻 선교사가 갖은 고생을 하며 배출한 첫 졸업생들이었다. 그 뒤에 2010년까지 약 500명 정도의 졸업생이 이 신학교를 졸업했다. 졸업생 중에는 네팔인뿐 아니라 인도, 방글라데시, 파키스탄, 티벳에서 온 학생들도 있었다. "졸업생 중에는 신학 공부를 계속해서 박사 학위까지 받은 이도 여러 명 되고, 이렇게 교육한 결과 네팔 교회의 교리도 어느 정도 정착하게 된 것 같다."고 말하는 룻 선교사의 얼굴에 감사함이 묻어난다.

룻 선교사는 신학 박사 학위를 가진 남편의 말도 안 되는 행동의 원인을 자신에게서 찾았다. 그녀는 두 사람 사이에 아기가 없어서 그런가 싶어 45세의 나이에 인공 수정을 시도하는 등 임신하기 위해 많은 노력을 했다. 하지만 모든 수고가 무위로 그쳤다.

반다리 목사는 혼외 자식들을 집으로 데리고 왔다. 심지어 그는 룻 선교사에게 혼외 자식들의 생모까지 데리고 와서 한 집에서 같이 살자고 요구했다. 이런 남편의 말도 안 되는 요구를 들으며 룻 선교사는 기도했다. 고민도 많이 했다. 이것이 어떻게 가능한가? 그녀 스스로 감당할 수 없었을 뿐만 아니라, 아직도 미약한 네팔 교회의 역사가 되고 미래 사람들에게 전례가 될 것이 염려되었기에, 그녀는 고민하고 또 고민했다. 이때 그녀에게 위로를 준 사람은 입양한 지 얼마 되지 않은 양딸이었다.

2005년, 룻의 몸에서 다시금 암이 발견되었다. 난소암이었다. '아기를 가지려고 무리했던 것이 결국 암 발병 원인이 된 것이 아닐까?' 룻의 생각이다. 임신하기 위해 주사를 맞았었는데, 임신이 되지 않으면서 주사

약이 몸 밖으로 나가지 않고 남아 있던 것이 암을 유발했을지도 모르겠다. 수술실에서 개복을 해 보니 악성 난소암으로 이미 2기 말 혹은 3기까지 진행되었다. 이 소식을 들은 여러 교회와 성도들이 헌금을 했다. 그 헌금으로 병원비를 모두 치룬 뒤, 약 2만 5천불이 남았다. 룻 선교사는 이 남은 돈을 네팔에 가져가서 3층 기숙사를 지었다.

룻 선교사는 지난번에도 죽는다고 했는데 안 죽고 살았으니, 이번에도 네팔로 돌아가서 하나님을 위해 일하다 죽자는 생각을 했다. 하나님이 다 하신 것을 알고 많은 성도들을 동원해서 역사하신 것을 알았지만, 그녀의 마음 한편에는 '내가 아니면 안 되잖아' 하는 생각이 있었다.

2006년, 룻 선교사는 갑자기 배가 붓고 계속 아파서 한국에 돌아와 병원에 갔다. 그녀는 담관에 문제가 생겨 수술해야 한다는 의사의 말을 따라 담낭 제거 수술을 했다. 조직 검사를 해 보았는데 다행히 암은 아니었다. 그녀는 흔히 우스갯소리로 말하는 "쓸개 없는 사람"이 되었다.

아내 룻이 암투병을 하고 담낭 제거 수술을 받는 중에도 반다리 목사는 죄에서 돌이키지 않았다. 결국 룻 선교사는 2010년에 남편과 헤어졌다. 그녀는 집에서 빈 몸으로 나와 협력 사역을 하던 한인 선교사 가정의 3층 옥탑방에서 살았다. 그녀는 얼마 뒤 성경과 옷 몇 가지만 받았을 뿐이다. 주변에서는 재산 분할 소송을 하라는 말도 듣고 그런 생각도 한 적이 있지만, 그녀는 그렇게 하지 않았다.

네팔은 여전히 아시아에서 가장 가난한 나라 중 하나이지만, 해외 이주 노동자들의 송금 등으로 나름대로 경제 발전을 이루었다. 특별히, 수도 카트만두의 땅값은 우리나라 수도권의 땅값만큼 올랐다. 하나님께서 예비하신 동역의 손길들을 통해 매입하고 건축한 신학교의 부동산 가치가 우리 돈 300억 이상으로 약 100배 정도 불어났다.

당시 룻 선교사의 마음은 찢어질 대로 찢어져 있었다. 그녀는 자신에게 큰 위로를 주었던 양딸과도 생이별을 했다. 그녀는 그토록 더운 옥탑 방에 홀로 살며 3년 동안 예수님과 싸웠다. 결국 말씀을 붙들 수밖에 없었지만, 그녀는 예수님께 그동안 쌓였던 울화를 쏟아내었다. 이후 룻 선교사는 10명의 제자들을 데리고 같이 살며 새롭게 사역을 시작했다.

이예신 - 예수님의 신부

1985년 이후로 네팔에서 룻으로 산 지 30여 년이 되었다. 그녀가 3년을 약속하고 네팔에 왔지만, 30년이 지났고, 30세에 네팔에 왔지만 환갑이 지났다. 선교하시는 하나님의 도구가 되어 수백 명의 목회자를 양성하고 네팔 전역에 많은 교회를 세웠지만, 개인적으로는 고난의 연속이었다. 오래 살지 못할 것 같다는 의사의 말을 들은 것도 2번이나 되고, 남편의 외도를 안타까움으로 참으며 기다린 것도 얼마나 오래되었으며, 어떻게든 아기를 가지려고 노력했으나 그렇게 되지도 못했다. 결국 그녀의 결혼은 18년 만에 파경에 이르고 말았다.

2015년, 네팔의 대지진이 있기 전이었다. 그녀에게 어떤 사람이 와서 미화 7만 불 정도하는 2700평의 땅을 사라고 했다. 그녀에게 있는 돈이라고는 2천불 정도밖에 없었고 이것은 계약금에도 크게 못 미치는 돈이었다. 그녀가 그 돈을 주었더니, 중개하는 이가 신기하게도 토지 매매 계약을 맺었다. 그럼에도 잔금을 치룰 수 없어서 2천 불을 포기하려고 했는데, 중간에서 소개한 이가 자신의 돈 5천 불을 보태어 계약을 맺었다며 자신의 돈도 없어지게 되었다고 울상을 지었다.

그녀는 너무 황당하고 난감했다. 그 땅을 안 사려는 것이 아니라 돈이 없어서 못 사는 것인데, 어떻게 할 것인가? 어쩔 수 없이 주변 사람들에게 부탁하고 친정에 부탁해서 어렵사리 잔금을 마련하여 1년 만에 잔금을 다 치루었다. 이후에 그 토지에 접한 땅도 추가 구매했다.

과연 하나님은 그녀에게 이 땅을 왜 구매하게 하셨을까? 그녀는 30년의 사역을 돌아보며 사람의 변화는 청년기도 늦다는 생각이 들었다. 청년기가 아닌 소년기부터 성경을 가르쳐야 성경적 세계관을 가진 기독교인이 되겠다는 생각이 들었다. 그녀는 생각지 못한 때에 기대하지 못한 방법으로 구매하게 된 그 땅에 기숙형 미션스쿨을 세워야겠다는 확신이 들었다.

바로 이즈음에 그녀에게 다시 한번 위기가 찾아왔다. 2017년 2월, 룻 선교사는 혈액암에 걸린 것을 알게 되었다. 혈소판에 문제가 있었다. 혈소판이 비정상적으로 비대해졌다. 피가 부족해져서 2~3일에 한 번씩 수혈을 해야 했다. 그녀는 자신의 몸에 새로운 피를 받으며 새로운 사람이 되는구나 하는 생각까지 들 정도였다. 한 사람이 1번도 아니고 2번 암과 싸웠는데, 2번의 암으로는 부족했다는 것인가?

룻 선교사는 6번의 항암 치료를 받던 중에 사순절을 맞이했다. 항암 치료를 받으며 병상에 누워 있는 그녀에게 예수님의 가상칠언 중 "나의 하나님, 나의 하나님, 어찌하여 나를 버리셨나이까"가 이전과는 다르게

다가왔다. 그녀는 이 말씀을 묵상하는 중에 큰 깨달음을 얻었다. '님'은 점 하나 찍으면 '남'인데, 하나님은 독생자 예수님을 그렇게 희생하셨다. 이후로 그녀는 자신의 아픔을 예수님께 물으며 화 내던 것을 멈추었다.

그녀는 암 투병으로 멈추어진 시간 속에서 말씀 속으로 깊이 들어갈 수 있었다. 특별히 이사야서 50장 이후를 읽으며, 그녀는 자신이 예수님의 신부라고 믿게 되었다. 그녀는 이춘심으로 한국에서 30년을 살았고, 룻으로 네팔에서 30년을 살았던 자신을 돌아보았다. 그녀는 남은 인생을 예수님의 신부가 되어 '이예신'이라는 이름을 가지고 살겠다고 자신에게 다짐하고 주변 사람들에게 알렸다.

비밀은 아니었으나 그렇다고 공개하지도 않았던 자신의 이혼 소식을 그녀는 주변에 알렸다. 그녀의 생활과 사역을 후원하던 목사님들과 성도들도 알게 되었다. "대단하세요. 그 동안 어떻게 견디셨어요? 힘내세요." 사람들은 격려의 말로 위로하였다. 안타깝게도, 그녀의 소식이 알려지자 재정 후원이 거의 대부분 중단되었다. 한편, 하나님은 이예신 선교사와 동역할 사람들을 새롭게 불러 모으셨다.

이예신 선교사는 학교 부지에 작은 교사(校舍)를 짓고 기독교 학교를 개교했다. 학교 이름은 빛과소금학교라고 명명했다. 처음 입학한 학생의 수는 4명이었다. 코로나 유행에도 불구하고 2020년에는 14명의 학생이 입학해서 공부했다.

이예신 선교사는 빛과소금학교를 크게 만들지 않으려고 한다. 그녀는 학생이 아무리 많아도 250명이 넘지 않게 할 생각이다. 그녀는 이 학교가 우리나라의 기독교 대안 학교처럼 성경 교육을 강조하고 현지인 교사와 함께 선교사가 가르치는 학교가 되면 좋겠다고 구상한다. 학생들을 어릴 때부터 성경을 바탕으로 둔 교육, 기독교적 세계관을 토대로 한 교육, 양질의 교육을 받게 해서 네팔 각계의 지도자로 양성하는 것이 이 선교사의 비전이다.

이예신 선교사에게 또 다시 암이 찾아왔다. 2020년 4월, 이 선교사는 갑자기 다리가 아프기 시작했다. 시간이 지날수록 발 근처에 무엇이라도 오면 아팠다. 얼마나 아픈지 몰핀도 듣지 않았다. 코로나19 대유행 속에서 한국으로 들어오는 것도 쉽지 않았다. 오래 기다리다가 6월 말에 특별기를 타고 한국으로 와서 제주도에서 자가 격리 중에 패혈증에 걸렸다. 자가 격리 중이라 쉽게 도움을 받을 수도 없었다. 이 선교사는 다행이도 주변 사람의 도움으로 제주 병원에서 응급 상황은 넘길 수 있었다.

위기 상황을 넘긴 뒤에 이 선교사는 신촌세브란스병원에 가서 진찰을 받았는데 급성악성림프암이라는 진단을 받았다. 혈액암이 아직도 남아 있는 상태에 림프암까지 발병한 것이다.

2020년 7월 이후, 이 선교사는 또 다시 여러 번의 항암 치료를 받았다. 암세포를 죽일 때, 건강한 세포도 공격을 받기에 항암 치료는 회수를 거듭할수록 환자에게 힘들다. 그런데 이게 무슨 일인가? 네 번째 항암 치료를 마친 뒤에는 이 선교사의 컨디션이 좋았다. 다섯 번째 항암 치료를 받고 나서도 컨디션이 좋았다. 처음에 조혈모 치료를 권했던 의사는 이것이 필요 없을 것 같다고 이 선교사에게 말했다.

주님의 주되심

이예신 선교사는 하나님의 영광을 위해, 네팔 복음화를 위해 헌신적으로 사역했다. 그녀가 처음 예수님을 만났을 때, 예수님은 자신의 모든 것이라고 생각했다. 이것이 그녀의 선교 사역의 동력이었다.

하지만, 그녀가 여러 고난들을 통해 깨닫고 또 깨닫는 것은 "내가 주어였고 내가 동사였다."는 것이다. "내가 열심히 일해서 열매를 거두어 하나님께 영광 돌려 드릴 테니까 하나님은 가만히 계세요." 이 선교사는 그것이 멋진 성도의 삶이고 선교사의 삶이라고 생각했었다. "내가 헌신하고 하나님은 가만히 계시는 것이 내가 할 일이라고 생각했어요."

이런 생각의 밑바닥에는 욕심과 교만이 있었다. 이 선교사가 고백했다. "사실 임신하려고 했던 것도 내 욕심이었어요."

"하나님 나라를 생각하지 않았어요. 내가 잘해야 하고 선교도 크게 해야 하고 내 이름도 나야 하고 잘난 체도 해야 하고요."

"누가 나보다 잘한다고 하면, 왜 저 사람이 나보다 잘해야 하나 하는 마음도 들었어요."

"반다리 목사가 미국에서 박사 과정까지 신학 공부하게 한 것도 내 욕심이었어요."

이예신 선교사가 자기 자신을 염두에 두고 이렇게 말했다.

"기독교인이 이 땅에 살 때, 사주팔자대로 살지 않아요. 세상 사람들은 사주팔자대로 살지만, 우리는 그렇지 않아요. 믿는 사람들은 사주팔자를 뛰어 넘는 삶을 살죠. 그렇지만 하나님이 주인 되는 삶을 사는 성도도 그리 많지 않아요."

그녀는 하나님이 주인 되는 삶이 무엇인지를 알고 그것을 추구하며 살고 있다. 그녀가 이것을 깨닫고 추구하기까지 치른 대가가 너무나도 크다. 하지만, 그녀는 이것을 결코 큰 비용이라고 생각하지 않는다.

이예신 선교사는 이런 음성을 듣고 있다고 한다. "나의 사랑하는 신부야, 나와 함께 가자." 그녀는 하나님을 따르는 삶을 살기를 원한다. 그렇지 않으면 천국에서 하나님을 어떻게 뵐까 하는 두려운 마음을 가지고 있다.

최근 우리나라 교계에서 새롭게 화제가 되었던 서서평 선교사처럼, 이예신 선교사는 의료 선교사였으며 신학교를 설립하여 네팔 교회의 지도자들을 양성하는 일에 큰 기여를 했다. 개신교 선교 역사 속에서 여성 선교사들의 헌신과 수고를 찾아보는 것은 그다지 어렵지 않다. 다만, 남성 선교사들에 비해 상대적으로 주목받지 못할 뿐이다.

32세의 나이에 한국에 왔던 서서평처럼, 이춘심 선교사는 네팔로 갔다. 가난한 한국인들의 친구가 되어 준 서서평처럼, 이춘심 선교사는 네팔 청년들에게 친구가 되어 주었다. 그녀는 주변의 반대와 의심에도 불구하고, 복음의 등불이 되어 예수 그리스도가 누구인지를 밝혀 보여 주었다. 그녀는 중병을 여러 차례 앓았지만, 이것이 하나님을 따르는 그녀의 발걸음을 멈추게 하지 못했다. 남편의 말도 안 되는 행동은 그녀로 하나님과 씨름하게 했지만 하나님을 좇는 일을 멈추게 하지 못했다. 그녀는 육신의 질병으로 여전히 고통받고 있다. 그러나 그녀는 이것으로 인해 주저앉기보다 할 수 있는 데까지 주를 따르려는 마음을 가지고 있다.

네팔에서 산 세월이 한국에서 산 날보다 더 많은 이예신! 37년의 선교 경력을 가진 선교사! 지난 세월을 돌아보며 깨달은 것은 예수님이 아닌 자아가 중심이 된 삶이요 사역이었다고 그녀는 고백했다. 누구보다 자기 희생적 삶을 살아온 그녀임을 알기에 그녀의 말은 충격적이다. 혹시라도 그녀가 그동안 이중적이거나 기만적인 삶을 살아왔다고 오해하지 말라. 오히려 그녀의 고백을 통해 자신이 예수님의 신실한 제자라고 생각하는 사람들은 삼가 자신을 돌아보는 것이 필요하다.

하나님께서 주인 되시는 삶! 이것은 선교사든지 평신도이든지 할 것 없이 모든 성도들이 추구해야 하는 삶이다. 예수님께서 친히 우리에게 삶의 모범을 보여 주셨다. 하나님의 영광을 위하여 많은 기사와 이적을 베푸시고 말씀을 풀어 가르치셨다. 한편, 예수님의 삶은 자신의 생명을 죽기까지 내어 주는 것으로 완성되었다. 이것은 오늘을 살고 있는 우리들도 따라야 할 삶이다. 37년째 네팔 선교 사역을 이어 오고 있는 이예신 선교사는 우리에게 그리스도의 제자로서의 삶을 진솔하게 보여 주고 있다.

2022년 1월 16일 늦은 밤 전주 예수병원에서,
이예신 선교사는 이 세상에서의 수고를 다하고
영생복락의 삶으로 하나님의 부르심을 받았다.

참고자료

이예신과 면담. 2021년 2월 4일.

박기호 & 마원석 편. (2010).『소명: 내가 여기 있나이다 나를 보내소서』. 서울, 쿰란 출판사.

엘리자베스 A. 테브 & 인터서브 30주년 출판위원회. (2021).『인터서브의 선교 역사: 1852–2020』. 성남, 인터서브.

유한나 외. (2009).『UBF 유럽 선교 역사 연감』.

이정순. (2009).『세계선교와 한국 여성 선교사들』. 서울, CLC.

전재옥. (2003).『파키스탄 나의 사랑』. 서울, 예영커뮤니케이션.

IGMANRADIO. (2018.1.11.). 미션 365 하루살이의 행복 네팔 이예신 선교사, 영상. 유튜브. https://youtu.be/2wXA33v9_ec

공병호TV. (2020.10.30.). 지금 네팔에는 … / 이예신 선교사 [공병호TV], 영상. 유튜브. https://www.youtube.com/watch?v=mQwneQsIbOE

하나님을 따라,
없던 길을 새로 내며

이상룡 · 이혜련 선교사

이상룡 선교사의 마음에 성경 번역 선교가 처음 들어
온 때는 1981년이었다. 그해 여름, 그는 한국성경번역
회(KBT)를 알게 되었고, 한 국제 성경번역단체가 만든
선교 영화 「빛의 언덕」에 깊은 인상을 받았다. 이 선교
사 가정은 1988년 5월에 네팔에 도착해서 네팔 사회와
문화에 적응하는 첫 발을 내딛었다.

하나님을 따라, 없던 길을 새로 내며

2014년 4월 29일은 약 30만 명의 사람들이 하나님의 사랑의 편지를 자신들의 언어로 받은 날이다. 이들은 다름 아닌 네팔에서 살고 있는 세르파 부족이다. 약 500년 전에 이들의 조상들은 고향을 떠나 서쪽으로 이주해 왔다. 흔히들, 이들의 고향은 티벳 동쪽의 캄이라고 말한다. 세르파의 의미는 동쪽 사람이다. 이들은 세계에서 가장 높은 산 에베레스트 인근 지역에 흩어져서 정착했다.

이 지역은 척박할 뿐 아니라 자연 재해 등으로 때로는 위험하기도 한 지역이다. 하지만, 비교적 고향과 가깝고, 기후도 고향과 비슷하다. 조금 더 내려가면, 보다 온화한 지역도 있다. 그렇지만, 이주민들인 이들은 쉽게 선택할 수 없었을 것이다. 사람이 살만한 곳에는 이미 원주민이 살고 있었으니 말이다. 전쟁을 각오하지 않는 이상 그곳을 선택하는 것은 쉽지 않은 선택이었을 것이다.

세르파 사람들은 지구 끝의 사람들이었다. 지구의 끝을 말하라고 하면 아프리카 어딘가를 상상하는 한국 사람도 있을 것이다. 인류의 역사에서 비행기가 대중화된 것은 50~60년이 되지 않는다. 20세기 중반까지 인류는 장거리 여행을 할 때 기차와 배를 이용했다. 아프리카 대부분의 지역은 시간이 걸리고 불편할 뿐 가지 못할 곳은 없다. 하지만 세르파 사람들이 살았던 에베레스트 인근 지역은 기차와 배가 갈 수 없는 지역이었다. 그러니 세르파 사람들이 지구 끝의 사람들이라고 해도 지나치지 않다.

1950년대 초반까지, 네팔은 아주 제한된 숫자의 외국인들만이 출입할 수 있었다. 네팔의 라나 정권은 19세기 중반부터 20세기 중반까지 대원군의 쇄국 정책보다 더 철저히 쇄국 정책을 펼쳤다. 중국 쪽에서 접근하는 것도 통제되었다. 중국의 공산화와 함께 중국이 티벳을 강제 점령하면서, 티벳을 통해서는 에베레스트 지역을 갈 수 없었다.

1953년 5월 23일에 에드먼드 힐러리가 에베레스트산 정상에 등정했을 때, 세르파의 이름이 온 세상에 퍼졌다. 에드먼드 힐러리와 같이 산에 등정한 현지인 텐징 노르가이도 유명 인사가 되었는데, 그가 세르파 사람이었다. 이전부터 세르파 사람들은 서양 산악인들의 고산 등정을 돕는 일을 해 왔다. 이후로 세르파는 '운반인'이라는 뜻의 포터(porter)를 대신하는 단어가 될 정도로 유명해졌다. 그래서 흔히 사람들은 세르파를 에베레스트산과 안나푸르나산과 같은 고산 등정을 돕는 사람들로만 생각한다.

1977년 9월 15일, "여기는 정상, 더 오를 곳이 없다."라고 하며 에베레스트산의 정상 등정 소식을 알린 故 고상돈 산악가의 말과 함께 네팔의 높은 산들은 친숙한 이름이 되었다. 이후, 故 지현옥, 엄홍길, 박영석, 오은선 등의 산악인들이 네팔의 최고봉을 등정했고, 그만큼 세르파는 우리에게 익숙한 단어가 되었다. 네팔에 여러 부족들이 살지만, 우리나라 사람들에게 가장 알려진 부족은 인구가 많은 네와르족이나 구룽족이 아니라 세르파 부족이다.

하나님의 관심은 인간의 관심과 달랐다. 인간은 산을 오르기 위해 세르파를 만났지만, 하나님은 세르파를 부르시려고 하나님의 사람들을 보내셨다. 인간에게 세르파 사람들은 수단이었지만, 하나님에게 세르파는 목적이었다.

하나님은 이들에게 사랑한다는 말씀을 하시려고, 그토록 소중히 여기는 하나님의 사람들을 보냈다. 하나님의 성실과 믿음의 사람들의 순종이 드디어 귀한 열매를 맺었다. 2014년 4월 29일, 번역과 출판을 마친 세르파어 신약 성경이 하나님께 봉헌되었다.

네팔어 성경 번역은 윌리엄 캐리의 시기까지 거슬러 올라간다. 윌리엄 캐리는 자신이 사역하는 동안 수십 개의 언어로 성경 전체 혹은 일부를 번역했는데, 그중 하나가 네팔어였다. 어느 국제 성경 번역 단체의 관계자에 따르면, 네팔에서 사용되는 언어 중 번역할 필요가 있는 언어는 모두 125개에 달한다고 한다(조광주, 2020: 10). 이 중에서 신구약 성경 모두 번역된 언어가 두 개, 신약 성경이 번역된 언어가 스물두 개, 신약 성경 번역이 끝나고 구약 성경 번역 중인 언어가 여덟 개, 신약 성경 번역 중인 언어가 스물한 개이다. 신약 성경이 번역된 스물두 개의 언어들 가운데, 네 개 언어의 신약 성경이 한국인에 의해 번역되었고 그중 하나가 세르파어 신약 성경이다(김한성, 2017: 142).

이 선교사 가정과 셰르파어 성경 번역

이상룡·이혜련 선교사 부부가 첫째 현성이, 둘째 영림이와 함께 네팔 카트만두에 도착한 것은 1988년 5월이었다. 30대 초반의 젊은 선교사 가족은 1986년 12월에 커다란 여행 가방들을 들고 정든 고향을 떠난 지 1년 5개월 만에 "내가 네게 보여 줄 땅"(창 12:1)에 도착했다. 사실, 이 선교사 가족은 김포국제공항을 떠날 때만해도 네팔로 가게 될 줄은 몰랐다. 여호와께서 너의 고향과 친척과 아버지의 집을 떠나라는 말에 순종하며 집을 나섰다.

1987년 한 해 동안, 싱가포르의 한 기관에서 언어학 훈련을 받을 때, 이 선교사 부부는 비로소 "내가 네게 보여 줄 땅"을 알게 되었다. 1년 동안 자녀들을 돌보며 선교 사역에서 사용할 언어학적 지식들을 습득하는 것은 쉽지 않았다. 이혜련 선교사가 교통사고를 당해 한 달 동안 병원에 입원했다. 한국을 떠나온 지 얼마 되지 않았을 때 예기치 않은 사고를 당했으니, 얼마나 당황스럽고 힘들었을까?

싱가포르 생활에는 또 하나의 문제가 있었다. 큰 아들 현성이가 초등학교 1학년을 한국에서 다녔으니 싱가포르에서도 학교를 이어서 다녀야 했다. 그 당시에 이미 동남아시아의 부자들은 싱가포르에서 자녀 공부시키기를 원했다. 이것을 아는 싱가포르 정부는 기부금 미화 1만 불을 내는 외국인 학생에게 체류 비자와 함께 싱가포르 공립 학교에 다닐 수 있도록 했다. 또 다른 방법은 국제 학교에 보내는 것인데, 매월 미화 1500불을 내야 했다. 참고로, 1986년 우리나라 국민 1인당 GDP가 미화

2803불이었다.

참으로 난처한 일이었다. 외교관도 아니고 대기업 해외 지사 직원도 아니니, 선교사가 그 큰돈을 어떻게 마련할 수 있겠으며, 있다 한들 어떻게 쓸 수 있었을까? 그렇다고 초등학교 2학년에 진급해야 할 아들을 유치원에 보낼 수도 없는 노릇이었다.

이 선교사는 현성이의 경우 싱가포르 정부가 염두에 둔 조기 유학 케이스가 아니라고 생각했다. 현성이는 부모의 훈련 따라 왔으니, 1년만 싱가포르 초등학교에 다니면 되었다. 그렇게 된다면 기부금 납부를 예외적으로 면제하는 것을 싱가포르 정부가 고려할 수 있다고 생각했다.

이 선교사는 이런 생각을 잘 정리해서 싱가포르 교육부에 편지를 보냈다. 싱가포르의 교육부는 이 선교사에게 이런저런 서류를 요구했다. 또 다음에 오라고 여러 번 했다. 주변 사람들은 이것은 안 될 것이라고 말하며 지켜보고 있었다. 그러던 어느 날이었다. 관청에서 또 오라고 해서, 이 선교사가 담당자를 만났다. 어린 아들 현성이의 학교 입학에 대해 담당자와 대화를 하던 중에 아들에 대한 사랑과 꽉 막힌 현실과 답답한 마음이 섞여 울컥하는 모습이 담당자를 움직였다. 이 직원이 다음날 오라고 하며 이 선교사를 돌려보냈고, 다음날 기부금 납부 없이 공립 학교에 입학할 수 있다는 허가를 받았다. 이것은 없던 길을 새로 내는 이 선교사의 삶을 고스란히 보여 주는 사건이었다. 이 두 사건은 이 선교사 가족을 네팔로 인도하는 데 사용되었다.

같은 시기에 부산에서 같이 밥도 먹고, 목욕탕도 가고, 교회와 대학에서 선교 세미나도 하던 칼빈 렌치도 싱가포르에서 거주하고 있었다. 단순히 한 하늘 아래 있는 정도가 아니라 바로 옆집에 사는 이웃이었다. 그렇게 싱가포르에서의 시간도 어느 정도 흘러, 선교지를 선택해야 할 때가 되었다. 이 선교사가 렌치 선교사에게 물었다. "부산에서부터 저를 보아 왔고 성경 번역 사역에 대해서도 잘 아시는데, 우리 가족이 어디로 가면 좋겠습니까?" 렌치 선교사는 그에게 네팔, 에티오피아, 남태평양의 바누아투를 제안했다. 세 곳 모두 비자 받기 힘든 나라일 뿐 아니라, 선교회의 현지 지부의 행정 지원이 제대로 이루어지지 않는 공통점을 가지고 있었다. 이 지역들은 대개 독립적이고 스스로 문제를 해결할 수 있는 선교사가 가야 적응하며 사역할 수 있는 곳들이었다. 그가 부산과 싱가포르에서 지켜본 이 선교사가 이 지역들에 적합한 사람이었다.

이 선교사 부부는 일단 네팔을 1순위, 에티오피아를 2순위, 남태평양의 바누아투를 3순위로 정했다. 이 선교사 가정은 렌치 선교사의 추천을 받아 네팔 지부의 허입을 요청했다. 1977년에 이 단체가 네팔에서 추방된 이후로 10년 넘게 신규 선교사가 없었다. "과연 신규 선교사를 받을 때가 되었나?", "한국인을 받아도 될까?" 이 두 질문을 가지고 현지 선교사들은 이틀 동안 기도하며 회의를 했다. 결국 "우리가 존경하는 렌치 선교사의 판단을 신뢰하고 이 선교사 가정을 허입하자."가 이 회의의 결론이었다.

우리는 한 걸음 한 걸음의 의미는 알 수 없다. 여정을 어느 정도 마치고 나면, 걸음걸음들이 이어져서 만들어진 발자취들을 볼 수 있고, 하나님의 섭리와 계획을 이해할 수 있다. 하나님은 믿음으로 선교의 길을 나서는 이 선교사의 가정을 위해 렌치 선교사를 한국에 보내셨고, 싱가포르에서 갈 곳을 보여 주셨다.

네팔의 생활과 사역

1988년 5월에 네팔에 도착한 이 선교사 가정은 드디어 짐을 풀고 네팔 사회와 문화에 적응하는 첫 발을 내딛었다. 이 선교사 부부는 어학원을 다니며 네팔어를 배웠고, 초등학교 3학년이 된 현성이와 아직 유치원생인 영림이는 초등학교와 유치원에 다녔다.

카트만두의 겨울은 이른 아침에 안개가 자주 낀다. 골목길에 뿌옇게 낀 안개는 앞에 무엇이 있는지 가릴 때가 있다. 네팔에 막 도착한 이 선교사 가정이 마주한 상황이 그러한 안개 길 같았다. 이들이 네팔에 입국할 때 받은 비자는 3개월 기한의 관광 비자였다. 3개월 뒤에 잠시 출국했다가 재입국해야 또 다시 3개월 기한의 관광 비자를 받을 수 있었다.

물론 이것은 최선의 방법이 아니었다. 90일마다 한 번씩 가족 모두가 인접국에 다녀온다는 것은 번거롭기도 하지만, 비용도 만만치 않았다. 하지만, 당시에 성경 번역 선교사가 네팔에서 장기 비자를 받을 수 있는 적절한 방법이 없었기에, 관광 비자 사용은 말 그대로 고육지책(苦肉之策)이었다.

이 선교사 가정이 네팔에 다시 입국하려고 했을 때, 체류 비자에 노란 불이 켜졌다. 비자 재발급을 위해 방글라데시에 다녀온 이 선교사 가정이 카트만두공항의 출입국 관리소를 지날 때였다. "이번에는 90일 기한의 관광 비자를 드리지만, 다음번에는 안 됩니다." 이 선교사의 가정에 큰 고민이 생겼다. '과연 네팔 거주에 필요한 비자는 어떤 방법으로 취득할 수 있을까?' 이 질문은 여행객으로서 1~2주 타국을 방문하는 사람들에게는 체감하지 못할 질문일 수 있지만, 선교사 대부분은 공감하는 질문이다.

그러던 어느 날이었다. 이 선교사가 동료인 일본인 선교사의 집에 방문했다. 그때, 그는 일본 사람들이 네팔에 대해 연구하고 출간한 두툼한 분량의 도서 목록을 보았다. 이 선교사는 우리가 잘 보지 못한 것을 보았다. 흔히 우리는 일본에 대해 양가적 정서가 있다. 일본의 강점기를 떠올리며 일본을 경계해야 한다고 생각한다. 동시에 일본의 산업 발전과 높은 경제 수준을 부러워하며 우리도 빨리 경제 성장을 해야 한다는 마음도 가지고 있다. 그러나 이 선교사는 그 너머 일본이 가지고 있는 학문적 자산이나 문화적 자산을 보았던 것이다.

두툼한 네팔 관련 도서 목록에 자극 받은 이 선교사는 한국 사람들이 네팔에 대해 무슨 연구를 했는지 찾아보았다. 하지만, 뭐 하나 찾을 수 있는 것이 없었다. "아무리 눈 크게 뜨고 뒤져보아도 한 권도 없는 거예요." 이 선교사는 이런 현실에 탄식하고 그칠 것이 아니라 '나라도 무엇인가 의미 있는 것을 남기자.'는 마음을 다지게 되었다.

성경 번역 선교사이자 언어 학자로서 무엇을 할 수 있을까? 그가 고민 끝에 생각한 것이 '네팔어−한국어 사전'이었다. 성경 번역을 하려면, 단어 목록도 만들어야 하기 때문에 어느 정도 연관이 있었다. 물론 이 생각을 하던 당시에 그는 사전 편찬이 비자 취득 자격과 연관되어질 줄 몰랐다.

이 선교사 가정은 네팔에 입국한 지 6개월 만에 비자 문제 때문에 잠시 한국으로 들어와야 했다. 이때 그는 성경번역선교회의 도움을 받아서 네팔에서 학술 연구 활동을 할 수 있는 기반으로 한국 언어문화연구원(Korea Research Institute for Languages and Cultures)을 설립했다. 이 연구원은 이후에도 수 명의 성경번역선교회 선교사들이 여러 나라에서 학술 관련 비자를 발급받아 거주할 수 있도록 도움을 주었다. 이 선교사는 이 기관 소속 연구자의 자격으로 네팔 교육부에 네팔어–한국어 사전 편찬 프로젝트를 제안했다. 이후에도 이 기관은 네팔뿐 아니라 이슬람 권역에서 성경 번역하는 선교사들의 학술 활동을 지원하는 역할을 감당했다.

하나님은 이 선교사 가정이 네팔에 안정적으로 체류할 수 있도록 예비해 주셨다. 이 선교사 가정은 2층 주택의 2층에서 살았다. 1층에 살던 사람은 네팔 브라만 가정이었다. 이 가정의 가장은 고위 공무원이었는데, 이 선교사의 비자 문제가 불거져 나왔을 무렵에 이민국 국장으로 임명되었다. 평소에 아래윗집으로 교류가 있었던 터라, 이 선교사가 하루는 그의 집에 가서 네팔어–한국어 사전을 만드는 연구를 위해 비자를 받을 수 있는지 문의했다. 차후에 그의 사무실에서 다시 만났을 때, 그는 이 선교사의 생각에 매우 긍정적이었다. 그 결과, 이 선교사는 사전 편찬 연구라는 학술적 목적을 위해 네팔에 안정적으로 체류할 수 있는 비자를 받았다.

이 선교사는 처음에 5,000단어 규모의 사전을 고려했었다. 3년 정도 지난 뒤에 단어의 수가 두 배로 늘어난 10,000단어 규모의 사전으로 확대했고, 이 연구를 하면서 네팔에 약 6~7년을 안정적으로 거주하며 사역할 수 있었다. 이때에는 한국 선교사가 아직 몇 명 되지 않았던 시절이라, 한국 선교사가 네팔어-한국어 사전 편찬 연구를 위해 체류 비자를 받은 이 일이 세계 여러 나라와 온 네팔 선교사 사회에서 신기한 이야기로 회자되었다. 이 선교사는 네팔어-한국어 사전 편찬을 하는 연구원으로 대학교에서 널리 알려졌다. 대학 부설 어학원에서 네팔어를 배우고 있는 그의 교실까지 와서 "이 사람은 네팔어 사전을 만들 사람이니 네팔어를 잘 배워야 한다."는 말까지 하는 교수가 있었다.

그런데 이 즈음 참으로 믿기 어려운 안 좋은 사건이 터졌다. 누군가가 "이상룡은 세르파어로 성경 번역하는 선교사이다."라고 네팔 내무부에 고발을 했다. 이때는 아직 세르파어 성경 번역은 둘째 치고 세르파어를 배우기도 전인데 말이다. 참으로 기이한 일이었다. 내무부는 대학 당국에 진상 조사를 해서 보고하라고 지시가 내려왔다. 대학 당국자와 교수들은 그가 정말로 연구하는 학자로 생각했다.

네팔어-한국어 사전 편찬 관련해서 네팔인 교수와 회의를 한 다음 날이면 이 선교사가 그 내용을 깔끔하게 정리해서 네팔인 교수에게 보여주곤 했다. 이 선교사가 네팔인 교수에게 없는 컴퓨터와 소프트웨어를 사용할 수 있어서 시간을 많이 아낄 수 있었기에 가능했던 것이다. 하지만, 그가 일을 미루지 않고 성실하게 일을 했으니 이것이 가능했던 것이 아니겠는가? 이 네팔인 교수는 그에게 "도대체 잠은 자며 일하냐?"고 묻곤 했다고 한다.

참고로 네팔에 하루 24시간 전기가 들어오게 된 것이 불과 4~5년 전의 일이다. 1980년대 말과 1990년대의 네팔은 전기에 거의 의존하지 않는 사회였다. 전기를 안정적으로 사용하려면 개인이 발전기를 사서 사용해야 했다. 이런 사회에서 개인이 컴퓨터를 사용한다는 것은 상상하기 매우 힘들었다.

30년 전의 네팔은 시간 개념이 많이 느슨할 때였다. 우리나라도 한때, '코리안 타임'이라고 해서 30분 정도 늦는 건 양해가 되던 때가 있었다. 하지만, 그 당시 네팔의 시간 개념은 한국인들도 이해하기 힘든 것이었다. 1분은 60초가 아니라 잠시라는 뜻이고, 이게 몇 시간이 될 수도 있고 며칠이 될 수도 있었다. 교통과 통신이 발달하지 않은 농경 문화였기 때문에 모든 것이 느렸다. 그런데, 이 선교사가 토론했던 내용을 하루 만에 깔끔하게 정리해서 자신을 찾아 왔으니, 네팔인 교수가 깜짝 놀랄 만한 일이었다.

이상룡 선교사 고발 사건은 평소에 그를 보아 온 네팔인 교수들과 행정 당국자들에 의해 잠잠해졌다. 추방당하지도 않았고, 별다르게 감시당하지도 않았다. 하지만, 이 사건이 그의 사역에 영향을 미친 것은 사실이다. 이 사건의 부정적인 영향으로 세르파어 관련된 일을 한 동안 공식적으로 하지 못하게 되었다. 하지만 긍정적인 영향도 있었다. 첫째, 네팔어-한국어 사전을 적당히 마무리 짓는 것이 아니라 누가 보더라도 사전으로 취급될 수 있도록 꼼꼼하게 준비하게 되었다는 것이다. 둘째, 이 사전 편찬 프로젝트로 네팔 학계에서 권위를 인정받게 되어, 세르파어-네팔어-영어 사전 편찬 사업을 시작하는 계기가 되었다는 것이다.

결국, 이상룡 선교사는 10년 가까이 수고한 네팔어-한국어 사전을 1999년에 출판했다. 이듬해인 2000년에는 이혜련 선교사가 네팔어-영어 회화책을 출판했다. 두 책 모두 1,000권 가까이 판매된 것을 보면, 그 수고가 헛되지 않았고 필요한 사람들에게 좋은 도움을 주었다.

故 고상돈 산악가의 에베레스트산 정상 등정이 한국과 네팔을 이어 준 첫 걸음이었다면, 네팔어-한국어 사전은 한국 사람과 네팔 사람들의 의사소통의 초석이 되었다. 그동안, 우리가 가진 외국어 사전들은 유럽어들과 중국어와 일본어 외에 몇 개 더 되지 않았다. 인구가 우리의 절반 남짓하고, 국제 정치, 경제, 학문, 사회 영역에서 앞선 것이 없는 나라의 언어 사전을 만든 점은 정말 귀한 섬김이었다.

이 섬김을 위해 치른 희생들이 있었다. 이 선교사 가정은 1996년에 두 번째 안식년을 가지기 위해 한국에 들어왔다. 가족과 친지가 있는 고향으로 돌아오는 것이었지만, 발걸음은 가볍지 않았다. 이들이 세르파어로 성경 번역을 하기 위해 1988년에 네팔에 입국해서 8년이 지났다. 그렇지만 기대와 달리 아직 세르파어 학습을 시작조차 하지 못했다. 흔히 선교지에 들어온 지 8년이 지났으면 번역할 언어를 거의 다 배웠을 시점이지만, 네팔의 상황 때문에 무작정 지연되고 있었다. 네팔어-한국어 사전 편찬 작업에만 매달리는 것도 그다지 마음이 편하지 않았다.

두 번째 안식년을 준비하며 세운 계획들이 있었다. 큰 아들 현성이는 더 이상 네팔로 돌아가지 않고 한국에 머물기로 했다. 어느새 고등학생이 되었고, 대학 입시를 위해 한국에서 고등학교를 다니게 되었다. 이때는 해외 거주 자녀들을 위한 특례 입학 제도가 없을 때였다. 그리고 이참에 이혜련 선교사도 고도 근시의 시력 교정을 위해 라식 수술을 받았는데, 안타깝게도 결과가 좋지 못했다.

나중에 알게 되었지만, 수 년 전 고발 사건 때 놀랐던 마음이 잘 해결되지 않고 마음 한 구석에 남아 있었다. 사실 그 사건은 아무리 생각해 보아도 이해하기 힘든 점들이 있었다. 이런 것들이 뒤섞이며 이혜련 선교사를 공격해 왔다. 그에게 우울증이 찾아온 것이다. 전문가의 도움을 받아, 한 번에 한 개씩 해결하며 1년에 걸쳐 우울증을 벗어나 천천히 회복되었다. 이때 어느 선배 선교사가 남편 이상룡 선교사에게 이렇게 조언했다고 한다. "앞으로 부인에게 화낼 생각하지 마세요." 이혜련 선교사는 1년 동안 우울증을 잘 대처하며 회복되었다. 하지만 그 뒤로도 오랜 시간이 필요했다. 아마도 우울증을 앓아 본 사람들은 동감할 것이다.

네팔어–한국어 사전 편찬을 완성해 출판하면서, 이 선교사 부부에게 세르파어 성경 번역을 착수할 때가 무르익었다. 이번에도 사전 편찬 프로젝트가 축이 되었다. 이번에 제작할 사전은 세르파어–네팔어–영어 사전(세-네-영 사전)이었다.

이 선교사가 생각하는 세르파어 성경 번역의 가장 큰 장애물은 세르파 사람들과 함께 살 수 없었던 점이다. 네팔 당국은 이 선교사 가정이 세르파 부족들이 모여 사는 에베레스트 인근 지역에 사는 것을 허락하지 않았다. 이 지역을 방문할 수는 있었지만, 기껏해야 2~3주 정도 등반 허가를 받아서 다녀올 수 있었다.

이 짧은 기간 동안 열심히 말을 배우고 말을 수집해 오더라도, 오래 가지 못했다. 말을 배워 왔지만, 사용하지 않으니 잊어버리는 것이 다반사였다. 대개 번역할 언어 학습에 3년 정도 쓰는데, 거의 10년이 걸렸다. 뿐만 아니라, 현지어 조력자가 필요한데, 당시에 세르파 사람들 중에 믿는 사람이 없어서 구하는 데도 시간이 오래 걸렸다.

성경 번역만 하면 되는 것이 아니라, 사전 편찬에도 시간이 많이 나뉘었다. 네팔어-한국어가 거의 마무리 되어진 시점인 1998년과 1999년에 이 선교사는 동료와 함께 솔루 쿰부 지역을 세 차례 언어 조사차 다녔다. 이 조사들은 세-네-영-한 사전 편찬과 세르파어 성경 번역을 위한 기초 조사였다.

이때까지 세르파어는 소리를 표현할 철자법이 없었다. 솔루 쿰부 지역에 사는 세르파 사람들의 언어는 크게 세 개의 사투리가 있었다. 가급적 많은 사람들이 알아들을 수 있는 말로 성경 번역을 하려면, 세 개의 사투리 중에 가장 널리 이해되는 사투리를 찾는 것도 중요했다. 한번 번역을 하면 언제 또 번역하게 될지 모르는데, 우리말로 최초 성경 번역을 했던 존 로스 선교사의 실수를 따라할 수는 없는 법이다.

세 차례에 걸쳐 실시된 조사의 결과는 이랬다. 세르파어는 솔루, 쿰부 그리고 서부 사투리 사용 지역에서 세 개의 사투리로 사용되고 있다. 사전 편찬과 관련해서, 세르파어의 사투리들 사이에서 어휘론과 음운론적 차이과 유사점들을 발견되었다. 따라서 향후 성경 번역과 관련해서 문자는 네팔어가 사용하는 데바나가리 문자와 티벳 문자를 병행 사용하는 것이 좋겠다. 쿰부 지역과 서부 사투리 사용 지역에서도 이해 가능한 솔루 사투리를 성경 번역에 사용하는 것이 바람직하다.

"번역은 반역이다"라는 말이 있다. "번역은 아무리 잘해야 본전이다"는 말도 있다. 번역이 얼마나 힘들고 까다로운 일인지를 잘 보여 주는 말들이다. 하지만, 성경은 반역인 번역을 할 수 없다. 본전치기 성경 번역도 있을 수 없는 일이다. 성경은 하나님의 말씀이고, 하나님에 대한 지식을 담고 있다. 성경은 우리의 신앙과 생활을 지도하는 책이다. 그러다 보니, 신약 성경을 번역하기까지 10~15년이 걸린다. 그만큼 성경 번역은 선교사 혼자 하는 것이 아니라 여러 사람의 도움이 필요한 일이다. 한국 교회가 파송하고 후원하지 않았더라면, 성도들이 신실하게 후원하고 기도하지 않았더라면, 성경 번역은 완성되지 못했을 것이다. 선교 사역이 다 그러하지만, 성경 번역은 정말 많은 사람들이 협력해서 맺은 순종의 열매이다.

번역이 얼마나 까다로운지 잠시 생각해 보자. 우리말의 쌀과 학교를 영어 'rice'와 'school'로 번역할 수 있다. 그다지 복잡할 것이 없어 보인다. 그러면, 우리말의 '하숙집'을 네팔에서는 뭐라고 부를까? 시골에서 대도시로 유학 온 중·고·대학생이 머물며 생활하는 집을 네팔에서는 'hostel'이라고 부른다. 우리나라에서 hostel은 청소년 수련관인 Youth hostel을 연상시키고, 저렴한 가격의 단기간 머무는 '숙박업소'의 의미로 이해된다. 영어 단어 hotel을 들으면 몸을 누이며 쉴 곳을 생각한다. 하지만, 서남아시아 사람들이 hotel이라는 단어가 쓰인 간판을 보면 침이 돌기 시작한다. 이처럼 번역할 때, 쉽게 생각하고서 우리 마음대로 단어를 선택했다가는 엉뚱한 말을 하기 쉽다.

기독교에서 하나님은 인격적인 삼위일체 하나님을 말한다. 하지만, 티벳어의 콘촉(Kön Chok)은 부처님, 부처의 가르침, 승려들을 의미한다(마르쿠 쩨링, 2003: 201). 티벳어로 구원은 떠러빠(Thar Pa)라고 한다. 윤회의 고통에서 벗어나는 것을 의미하지만, 성경이 말하는 구원은 하나님의 영원한 심판으로부터 구함 받는 것을 말한다(마르쿠 쩨링, 2003: 202).

한번 상상해 보라! "하나님께서 당신을 구원하십니다."라고 말할 때, 우리는 삼위일체 하나님께서 당신을 영원한 심판으로부터 구하신다고 생각할 것이다. 하지만, 티벳 불교인은 "부처님이 우리를 윤회의 고통에서 벗어나게 하신다."로 들을 수 있다. 우리도 모르는 사이에 성경의 가르침이 대승 불교의 가르침으로 바뀐 것이다.

이상룡 선교사는 시간을 내어 한인 성도들을 섬겼다. 이 선교사가 네팔에 도착했을 때에, 대사관과 무역 상사 주재원의 가족들 중에 성도들이 있었다. 네팔에 먼저 와 있었던 한인 선교사와 의논도 하고, 소속 단체의 허락도 받은 뒤 약 1년간 이들과 함께 성경 공부를 즐겁게 했다. 이 성경 모임은 1991년 카트만두한인교회가 설립되는 데 마중물이 되었다. 이상룡 선교사는 1991년부터 4년간 카트만두한인교회의 담임 목사로 섬겼다. 이 교회는 지금도 카트만두 한인 사회에서 중요한 영적, 사회적 기능을 하고 있다.

세르파어 성경 번역 과정

사실 이 선교사는 1995년에 마가복음을 세르파어로 번역하는 시도를 했었다. 하지만, 어느 문자를 사용할지 공식적으로 결정되지도 않은 상태였기 때문에, 이것을 돌이켜 생각하면 "얼굴이 뜨끈거린다"고 이 선교사는 고백한다. 적어도 이때부터 이 선교사가 성경 번역에 필요한 주요 개념들을 고민하기 시작한 것은 맞다.

 1994년, 세르파 사람들 중에서 이상룡 선교사를 통해 예수님을 믿게 된 사람들이 생겼다. 이들의 이름은 취링과 깔레였다. 고향을 떠나 객지인 카트만두에서 사는 두 젊은이가 예수님을 믿고 성경 번역을 돕는 일을 하게 되었다. 이 선교사는 이들에게 성경 번역의 기초를 가르쳐 주고, 이들의 도움을 받았다. 그리고 이 선교사는 이들의 생활을 지원했다.

 1998년, 스위스에 거주하는 성경 번역 컨설턴트에게 중요한 자문을 받았다. 이 자문은 성경 번역의 공식적 시작 여부를 결정하는 중요한 것이었다. 그동안 번역한 마가복음의 다섯 장을 보여 주며 자문을 받고 세르파어 성경 번역을 시작해도 좋다는 답을 들었다. 이 선교사 부부의 성경 번역 선교 사역에서 하나의 장이 끝나고 새로운 장이 펼쳐진 것이다.

 세르파어 성경에 쓰일 문자를 선택하는 과정도 쉽지 않았다. 언어 현지 조사의 결과는 네팔어의 문자인 데바나가리를 세르파어 성경의 문자로 사용하는 것이 적절하다는 것이었다. 그렇지만, 세르파 사람들은 세르파어 성경 문자로 데바나가리보다는 티벳 문자를 사용하기를 원했다.

세르파 사람들에게 티벳 문자는 귀한 것이고 사용 여부와 상관없이 자신의 민족적 정체성의 일부이기 때문이었다. 문제는 티벳 문자를 읽을 수 있는 사람들이 매우 적어서 매일같이 읽어야 할 성경의 언어로는 적절하지 않다는 것이었다. 어느 성경 번역 선교사는 강세 표기를 강력하게 제안하기도 했었다. 이 선교사는 이들을 현지 조사의 결과를 근거로 설득하였다.

1999년에 이 선교사 부부는 또 한 명의 세르파 청년을 만났다. 그의 이름은 밍마르이다. 그는 어릴 적에 소아마비를 앓으면서 한쪽 발을 잃고 다른 한 발은 뒤로 돌아버렸다. 이렇게 심한 장애 때문에 학교를 다닐 수 없었다. 그러나 그는 학구열이 있어서 독학으로 문자를 깨우쳤다. 그리고 그가 학교를 다니지 않았기 때문에 모어인 세르파어를 온전히 보전하고 구사할 수 있었다. 그는 고향을 떠나 카트만두에서 카펫 짜는 일을 하다가 이 선교사를 만났다. 이 선교사를 통해 예수님을 만났고, 이 선교사의 성경 번역하는 일에 참여하여 번역이 마무리될 때까지 같이했다. 이 형제의 장점은 탁월한 세르파어 구사 능력이었다. 취링과 깔레는 네팔어로 초 · 중등 교육을 받고 대도시에서 네팔어를 구사하며 살았다. 그러다 보니, 아무래도 이들의 세르파어는 부자연스러울 때가 종종 있었다. 하지만, 밍마르의 세르파어는 자연스러움이 살아 있었다.

현재 40대 중반인 밍마르의 인생은 예수님을 만난 뒤로 크게 바뀌었다. 그는 완전히 새로운 삶을 살고 있다. 성경 번역을 도우며 경제적 안정을 얻었다. 다리도 수술을 해서 뒤로 돌아간 다리를 딛고 일어설 수 있을 정도로 교정했고, 다른 한 쪽 다리는 의족을 해서 목발을 짚고 걸어다닐 수 있게 되었다. 또한, 개조한 오토바이를 구입해서 타고 다니며 시내 어디든 자유롭게 이동할 수 있었다. 그는 결혼을 하고 어린이 한 명을 입양하여 단란한 가정을 이루어 살고 있다.

이 선교사 부부가 세르파어로 번역한 최초의 신약 성경 책은 마가복음이었다. 누가복음과 마태복음을 번역한 뒤에 사도행전을 번역했다. 요한복음은 고난이도였기 때문에 고린도전후서와 함께 마지막에 가서 했다. 요한 계시록이 신약 성경의 마지막에 있지만, 오히려 이 책은 요한복음보다 앞서서 번역되었다. 그리고 맨 마지막으로 빌레몬서와 같이 짧은 서신서들을 번역했다.

신약을 다 번역한 뒤에 마가복음과 누가복음을 점검하면서 수정을 많이 했다. 아무래도 다시 처음 번역했던 책이라 실수가 다소 있었지만 번역을 하면서 쌓여진 경험과 원칙을 바탕으로 점검하며 수정하는 것이 성경 번역의 일관성을 유지하는 데 있어 꼭 필요했다. 그런 뒤에 이혜련 선교사가 사복음서를, 이상룡 선교사가 신약의 나머지 책들을 점검했다.

세르파 성도들

성경을 번역하기 위해 세르파 사람들을 접촉하다 보면, 복음을 나눌 기회가 생기고 하나님께 돌아오는 세르파 사람들을 만나기 시작했다. 1994년에 기독교에 대해, 예수님에 대해 관심 있는 사람들이 몇 사람 모이기 시작했다. 1994년에 예수님을 믿는 첫 세르파 성도가 생겼다. 이 사람들은 적어도 이 선교사가 아는 최초의 세르파 기독교인이었다. 이들을 중심으로 2주에 한 번씩 카트만두에서 세르파 기도 모임을 가졌다.

이 모임이 조금씩 그리고 천천히 자라기 시작해서 2007년에 카트만두에 세르파 교회가 창립되었다. 2014년 현재, 약 40~50명 정도 모이고 있고, 스스로 교회를 운영하고 있다. 에베레스트 인근 지역에 세르파 성도들이 몇 명 있고, 네팔어를 사용하는 교회가 몇 곳 있다. 하지만 세르파어를 사용하는 교회는 아직 없다.

2012년부터 카트만두의 세르파 교회를 중심으로 네팔 세르파 기독교인 연합회가 구성되었다. 이 연합회는 매년 한 번씩 대회를 개최하고 있다. 2012년부터 2014년까지 세 차례의 대회에 참석한 사람들을 토대로 볼 때, 세르파 기독교인들이 약 200~300명 정도 되는 것 같다. 물론 현지인들은 500명 정도 된다고 주장하기도 한다.

거듭된 하나님의 사랑

세르파어 성경의 가치가 얼마나 될까? 성경책은 이루 말할 수 없는 가치를 지녔다. 그 가치의 일부분만이라도 상상할 수 있는 방법은 없을까? 성경을 세르파 언어로 번역하기 위해 치루었던 희생을 안다면, 성경의 가치를 조금이나마 가늠해 볼 수 있다.

세르파 사람들을 향한 하나님의 사랑이 컸지만, 흑암의 권세도 작지 않았다. 세르파어 성경 번역을 위해 우리가 누구를 보낼꼬? 하는 하나님의 마음에 처음 먼저 응답한 것은 호주인 질스트라 선교사였다. 그는 1967년에 네팔에 입국했지만, 불가피한 사정으로 네팔을 떠나야 했다. 이듬해에 그의 뒤를 이어서 미국인 고든 선교사가 네팔에 도착했다. 하지만, 그는 열악한 환경 속에서 건강을 잃고 다른 지역으로 옮겼다. 한 해 지난 뒤에 독일에서 세틸런드라이어 선교사가 네팔에 도착했다. 사역이 순풍을 만난 듯이 진행되어 마가복음을 번역하던 중에 그는 강제로 추방당했다.

이들의 뒤를 이어서, 1984년에 노르웨이에서 웬들 선교사가 세르파어 성경 번역을 위해 네팔에 도착했다. 네팔에서 산 지 약 3년 되었을 때, 그는 집의 지붕을 수리하다가 그만 추락해서 하반신 마비가 되었다. 그럼에도 불구하고 그는 네팔로 돌아와 사역을 재개했다. 그러나 안타깝게도 암이 발병되었고 얼마 뒤에 하늘나라로 떠났다. 이처럼 세르파어 성경 번역을 위해 하나님은 여러 곳에서 믿음의 사람들을 부르셨다. 하지만, 이 귀한 사역을 방해하는 흑암의 권세도 만만치 않았다.

하나님은 극동의 조용한 아침의 나라 사람들을 열방의 빛으로 준비하셨다. 2000년의 기독교 역사 속에서 복음을 전했던 사람들은 끊임없이 변했다. 예수님의 열 두 제자! 디아스포라 유대인들과 이방인들! 시리아인들과 이집트인들과 북아프리카인들! 네스토리안과 아일랜드인과 고트인들과 프랑크족! 북유럽인들과 폴란드인들! 포르투갈인들과 스페인사람들! 화란인과 영국인과 독일인들! 유럽인들과 미국인들! 그리고, 한국인들! 20세기 말에 이르러서는 필리핀인, 인도인, 브라질인, 아프리카 여러 나라 사람들까지! 하나님은 천천히, 그러나 쉬지 않고 복음의 복된 소식을 듣지 못한 민족들에게 전하셨다.

하나님은 복음을 받아들인지 얼마 되지 않은 한국 교회를 들어 사용하신 지 벌써 100년이 넘었다. 1913년에 중국 산동성에 선교사를 보내셨고, 1957년에 태국으로 선교사들을 보내셨다. 1962년에는 20대 초반의 젊은 여자 선교사들을 무슬림들이 절대 다수를 차지하는 파키스탄으로 보내셨다. 1980년대에 들어오면서 한국 교회 안에서 세계 선교의 불이 활짝 피어 올랐고, 그 가운데 하나가 1985년에 설립된 성경번역선교회(GBT)였다. 이 선교회는 지난 35년 동안 18개의 언어로 성경을 번역했다. 그리고 2020년 현재 232명의 선교사들이 87개 종족을 위해 섬기고 있다.

개신교와 성경

개인교인들에게 성경의 중요성은 아무리 강조해도 지나치지 않다. 종교개혁의 다섯 가지 표어들이 있다. 오직 성경, 오직 그리스도, 오직 은혜, 오직 믿음, 오직 하나님께 영광. 이것들은 천주교와 개신교를 구별하는 신조들이다.

오직 성경(*Sola Scriptura*)은 오로지 성경만이 성도의 신앙과 생활의 기준이라는 뜻이다. 이것은 교회 전통과 성경을 성도의 신앙과 생활의 기준이라는 천주교의 가르침과 다르다. 개신교 신앙에서 성경은 매우 중요하다. 한국 교회도 오랫 동안 성경 사경회를 가지지 않았던가?

성경의 중요성은 개신교의 타문화권 선교에서도 발견된다. 개신교 선교의 특징 중 하나가 성경에 대한 강조이다. 물론 천주교 선교사들도 선교지의 언어로 성경을 번역했다. 하지만, 이들은 흔히 교리문답집과 주기도문 등을 현지어로 번역했다. 이에 비해, 개신교 선교사들은 성경 번역을 매우 중요하게 생각했다. 20세기 초중반에 성경 번역을 전문적으로 하는 선교단체도 발족되었지만, 성경 번역은 초기 선교사들의 사역에서 흔히 찾아 볼 수 있다.

개신교 선교의 아버지라는 윌리엄 캐리가 번역한 성경 언어가 쪽복음 번역까지 합쳐서 스무 개 언어가 넘는다. 중국어 성경도 중국 선교 초반에 이루어졌다. 우리말 성경도 마찬가지이다. 비록 사투리어로 번역되었다고는 하지만, 선교사들이 조선 땅에 발을 딛기 전에 성경의 일부가 우리말로 번역되었다.

성경은 개신교인들에게 너무나도 중요하다. 우리의 믿음은 성경에 기초해야 하고, 우리의 삶은 성경에 뿌리를 두어야 한다. 개신교인은 다른 사람의 성경 교육에 의존하는 것이 아니라, 스스로 성경을 읽고 연구해서 성경을 따라야 한다. 물론, 성경을 자신의 입맛대로 읽으며 해석해서는 안 된다. 이것을 방지하기 위해 신학도 연구하고, 성경 공부도 하는 것이다. 궁극적으로, 개신교인마다 성경을 읽으며 성경의 가르침대로 믿고 따라 살아야 한다.

선교사로의 부르심

신앙과 생활의 표준이 될 성경을 번역하는 일을 위해서, 하나님은 이 세상을 두루 살펴시며 가장 적합한 사람들을 찾으셨다. 이들 중에는 대구에서 가족과 도란도란 살며 조용히 자신의 꿈을 꾸며 성실히 공부하던 한국의 신실한 청소년도 있었다.

마치 사무엘을 부르시듯 하나님은 소년 이상룡을 부르셨다. 하나님의 음성을 몰라서 엘리 제사장에게 달려갔던 사무엘처럼, 소년 이상룡은 자신이 세르파 사람들을 위해 부름받았다는 것을 깨닫기까지는 시간이 필요했다.

제일 먼저, 하나님은 그에게 작은 책 한 권을 통해 말씀하셨다. 그 책은『추구』였다. 이 책은 중국내지선교회(현 OMF) 소속 선교사였던 이사벨 쿤의 자서전이다. 이 책을 당시 파키스탄 선교사였던 故 전재옥 교수가 번역했다. 그리고 이 책은 선교사가 세운 출판사인 '생명의 말씀사'에서 출판했다. 인생의 진로와 대학 입학을 두고 고민하던 청소년 시기에 읽은 이 책은 그의 인생에 큰 영향을 끼쳤다.

어린 시절, 그는 비행기 조종사가 되고 싶었다. 고개를 들어 하늘을 보았을 때 날아가는 비행기를 보며, 그는 넓은 세상을 보는 것을 동경했다. 그런 그가 중학교 2학년 때 예수님을 믿은 후로 교회에서 신앙생활을 하며 섬김의 삶을 배웠다. 그는『추구』를 읽으며 선교사의 삶이 복되다는 것을 발견하고, 선교사가 되어 섬기자는 생각을 품게 되었다.

물론 그가 성경 번역 선교사의 꿈을 처음부터 가진 것은 아니었다. 이 사역은 전혀 들어 본 적도 없고, 상상해 보지도 못한 사역이었다. 당시에 그가 생각했던 사역의 종류는 농업과 의술이었다. 그도 그럴 것이, 1960년대 말과 1971년대 초반에 우리나라는 여전히 농업 경제 기반의 사회였다. 그런데 그는 농업과 의술 중에서 의술을 택했다. 고등학교 성적도 좋았던 그였기에 의학 공부를 선택하는 것은 우리 사회 통념적으로도 당연한 것이었다. 그러나 그는 의료 선교사가 되리라고 마음먹고 의대를 지원했음에도 세 번 모두 낙방했다.

그래서 그는 의료 선교사의 꿈을 접고, 성균관대 영어영문학과에 입학했다. 하지만, 그는 여전히 선교사의 꿈을 가지고 있었다. 여자 친구에게까지 "내가 선교사가 되려고 하는데, 할 수 있느냐?"고 물었다고 하니 말이다. 하지만, 진지한 고민 끝에 결정했던 의료 선교사의 길이 막힌 것으로 보였던 그는 다른 진로를 전혀 고민하지 않은 것이 아니었다. 그는 외교관을 하면 어떨까 하는 생각을 잠시 했었다. 군 복무를 하는 중에는 영문학을 공부해서 대학 교수가 되면 어떨까 하는 생각도 했었다.

이때, 하나님께서 개입하셨다. 그의 폐에서 1cm × 2cm와 1cm × 4cm의 결핵이 발견되었다. 군의관은 그에게 절대 안정을 취하라고 했고, 이것 때문에 그는 의병 전역 절차를 밟기 시작했다. 이때, 그는 하나님께 말했다. "예, 순종할께요." 그의 질병은 그에게 옛 비전을 회복하는 계기가 되었다. 이후, 그는 대학을 졸업한 뒤에 신학 대학원에 진학했다.

그의 마음에 성경 번역 선교에 처음 들어온 때는 1981년이었다. 그해 여름, 故 조동진 목사가 운영하던 하기 선교 대학원에 참석했던 그는 한국성경번역회(KBT)를 접했고, 그때 보았던 『빛의 언덕』(The Mount of Light) 영화에 깊은 인상을 받았다. 이 영화는 한 국제 성경 번역 단체가 만든 선교 영화였다. "어? 이게 뭐지?" 그의 마음 한 쪽에 성경 번역 선교가 새겨졌다.

신학 대학원을 졸업한 해인 1983년, 그와 동기 전도사들은 부산에서 선교 세미나를 함께 개최하자는 데 뜻을 같이했다. 이들은 가진 것도 없고 도움도 없었지만 열정과 헌신만으로 이것을 준비했다. 이 세미나는 성공적으로 개최되었고, 이것이 계기가 되어 GBT의 부산지회가 시작되었다. 이때, 그는 칼빈 렌치 미국인 선교사와 함께 부산과 경남 지역의 교회들과 대학교들을 다니며, 성경 번역을 소개하는 일을 도왔다. 그 당시에 선교 영화를 약 100번 상영했다고 하니, 그 수고가 가히 상상이 된다. 요즘처럼 자가용 승용차도 없이 무거운 영사기를 들고 버스를 타고 다녔으니 얼마나 불편했을까? 그만큼 선교에 대한 열정과 헌신이 그에게 있었던 것이다.

하나님께서 또 그에게 말씀하셨을 때 엘리에게 배운 대로 했던 사무엘처럼 그는 하나님의 음성에 정확히 대답했다. 어느 날, 동의대에서의 모임을 마치고 나올 때였다. 칼빈 렌치 선교사가 그에게 물었다. "너는 뭐하냐? 이렇게 성경 번역 선교를 위해 홍보하고 동원하는 것을 돕는데, 너는 언제 나가냐?" 이 질문은 그의 선교사의 삶에 '스위치'를 켰다. 이때부터 그는 선교사의 삶을 구체적으로 시작했다. 그가 6년 동안 섬겨 온 부산남교회에 자신의 선교사 소명을 알렸고, 교회는 그를 선교사로 파송하기로 결정했다.

하나님이 예비하신 동역자들

하나님은 이상룡 선교사에게 사람들을 보내셨다. 선생님과 친구를 통해 하나님을 알도록 하셨다. 책을 통해, 선교사를 통해 하나님의 사역과 네팔로 부르셨다. 그리고 여러 동역자들을 보내셔서 하나님이 시작하신 일은 하나님이 하신다는 것을 보여 주셨다. 신약 성경의 세르파어 번역은 함께 수고한 이들이 있었기에 가능했다.

대구 계성중학교 1학년에 입학한 이상룡에게 하나님께서 사람을 보내셨다. 미션스쿨인 계성중학교에 입학했을 때의 일이다. 담임 선생님은 교실 벽에 학생들의 이름이 적힌 커다란 출석표 같은 것을 붙였다. 그리고 학생들에게 말했다. "일요일에 교회 다녀온 사람들은 다녀왔다고 표시를 해라." 출석 표시를 한다고 받는 상도 없었고, 표시를 하지 않는다고 받는 벌도 없었다. 한편, 이것이 그에게 왠지 모를 마음의 짐이 되었다.

그러던 어느 날이었다. "상룡아, 우리 교회 가자." 동네 연탄 가게 아들이자 동갑인 친구가 자기가 다니던 교회에 초대한 것이었다. 이 친구의 가족은 대구에 있는 예장 고신 성동교회에 출석하고 있었다. 이 집은 주일에 연탄 배달을 하지 않을 정도여서, 동네에서는 기독교인으로 널리 알려진 집이었다. 하나님은 친구를 통해 그를 부르셨다.

예장 고신 하면 타협 없는 신앙, 철저한 신앙생활을 떠올리는 사람이 많을 것이다. 친구의 초대로 교회를 다니게 된 중학생 상룡이었지만, 중학교 2학년 때 하나님의 은혜를 받고 열심히 신앙생활을 했다. 주일 성수를 철저히 지켰다. 주일을 범하지 않기 위해 토요일 밤 12시까지 공부하다가 자정이 넘어가면 하던 공부를 멈추었다. 새벽기도를 다녀오는 것으로 시작해서 오전 예배, 성가대 연습, 저녁 예배까지 모두 참석하고 난 뒤에 귀가했다. 그리고 자정이 넘어서면, 그는 다시 공부를 시작했다. 요즘의 기독교인의 신앙생활과는 달라도 많이 달랐다. 그는 중고등학생 시절에 전도도 많이 했다. 한 해에 많을 때는 열댓 명까지 친구들을 교회로 데리고 나왔고, 이들 중에는 장로가 된 친구들도 있다.

또한 하나님은 한 번도 얼굴을 본 적이 없는 선교사를 통해 그를 선교로 부르셨다. 중국에서 헌신적인 삶을 살았던 이소벨 쿤 선교사! 그의 자서전은 열심히 신앙생활하는 고등학생 이상룡에게 새로운 삶의 세계를 보여 주었다.

하나님은 노련하면서도 소탈한 선교사를 그에게 보내셨다. 선교지 경험도 많고 동료 선교사들에게 존경받는 선교사였던 칼빈 렌치를 한국으로 보내셨다. 선교의 열정은 많으나 구체적으로 무엇을 해야 할지 몰랐던 이상룡 전도사에게 적합한 사람이었다. 그는 여러 곳의 선교 세미나뿐 아니라 대중 목욕탕까지 같이 가며 이상룡 전도사와 삶을 나누었다. 하나님은 렌치 선교사의 구체적인 선교 도전을 통해 이상룡 전도사에게 그물을 놔 두고 나를 따르라고 하셨다. 참고로, 이상룡 선교사가 네팔을 선교지로 선택할 때에도 렌치가 중요한 역할을 했다.

하나님은 그의 선교 사역을 기도와 재정으로 동역할 교회와 성도들도 보내 주셨다. 그가 6년이 넘는 기간 동안 교육 전도사부터 강도사, 부목사 사역을 했던 부산남교회는 기쁜 마음으로 파송 교회의 역할을 감당했다. 부산남교회는 1986년 12월부터 오랜 기간 동안 신실하게 네팔 세르파 부족을 섬겼다.

어느 날, 이 전도사는 어느 친구 전도사에게서 "어느 할매가 보잖다."는 말을 들었다. 그 할매는 다름 아닌 故 표지현 전도사였다. 그녀는 평생을 독신으로 살며 하나님을 섬겼고 성도들의 믿음을 북돋았던 예장 고신 측의 전도사였다. 그녀는 오래 전 일본에서 3년 동안 선교했었다. 이때, 국제 성경 번역 단체와 성경 번역 사역의 중요성을 알게 되었다. 그녀는 한국으로 돌아온 뒤에 무척산기도원에 이어 포천기도원 원장을 맡으며 많은 성도들에게 영적 영향력을 발휘하였다.

표 전도사가 이상룡 전도사에 대해 어떻게 알게 되었는지는 모른다. 아마도 성경 번역 선교사로 나갈 사람이 있다는 소리를 어디에서 듣고, 수소문해서 그를 찾은 것일지도 모르겠다. 이상룡 선교사가 앞으로 감당할 사역이 얼마나 중요한지 알았던 표 전도사는, 그를 대동해서 여러 유력한 성도들을 만나기 시작했다.

성도의 집이나 사업장에서 예배를 드리되, 설교는 이상룡 전도사에게 청했다. 예배를 마치고 나면, 이상룡 전도사가 앞으로 할 사역에 대해 설명한 뒤 재정 동역할 것을 요청했다. 그렇게 해서, 한 달도 안 되어 교회의 후원금을 포함해서 매월 2,000불의 재정 후원금이 찼다.

표 전도사의 주도로 시작된 이상룡 선교사 후원회는 부산 성경번역선교회라는 새로운 비전을 가지게 되었다. 이 선교 후원회는 한국 성경번역선교회가 전 세계의 번역이 필요한 성경의 십분지 일을 감당하자는 비전처럼, 한국 성경번역선교회의 파송 목표인 300명의 성경번역선교사의 십분지 일인 30명을 후원하자는 비전을 가지고 있다. 물론, 이상룡 선교사의 양보도 큰 역할을 했다. 이 선교사는 이 후원회에서 받던 후원금을 절반으로 줄였고, 차후에는 줄인 금액의 절반도 안 되는 미화 300불로 줄였다. 그 결과, 현재 13명의 동료 성경 번역 선교사들이 이 후원회의 재정 후원을 받고 있다.

1996년 이혜련 선교사가 우울증으로 큰 어려움을 겪고 있을 때, 하나님은 돕는 이들을 이끄셨다. 2020년 5월, 창립 25주년을 맞이한 에젤선교회(www.ezer.or.kr)가 바로 그들이었다. 온누리교회의 성도인 홍정희 집사는 큰 금액의 선교 헌금과 함께 하용조 목사를 만났다. 이때, 하 목사는 홍 집사에게 말했다. "선교는 돈으로 하는 게 아니에요. 선교를 위해 기도해 보세요." 이것이 계기가 되어 1995년 봄부터 평신도들이 중심이 된 선교사 중보 기도 모임이 시작되었다.

지금도 그런 점이 있지만, 1990년대 중반 한국 교회와 선교계는 하나님의 일을 하는 사람이 우울증으로 고생하는 것을 충분히 이해하지 못했다. 이혜련 선교사의 고생과 치료는 가족이 감당할 몫이었지만, 삶의 기반이 해외에 있는 선교사에게 결코 쉽지 않았다. 에젤선교회는 여러 단체의 여러 선교사들을 위해 중보 기도를 하던 중에 이 선교사의 어려운 소식을 접했다. 에젤선교회는 이 선교사 부부를 위해서 기도를 많이 했다. "그때 에젤이 많이 기도해 줬어요." 이 선교사의 말이다.

사역과 상관없이 가족과 함께했던 네팔을 다녀온 것이 이혜련 선교사에게 도움이 되었다. "사실, 네팔 여행이 많은 도움이 되었어요. 아내가 세상은 그대로고 자신만 변했다는 생각을 갖고 있었는데, 모든 것은 그대로고 심지어 우리 집 개도 자신을 반기는 것을 보면서 위로를 받았대요." 이 여행을 제안하고 지원한 것도 에젤선교회였다.

에젤선교회는 선교사를 파송하지 않고, 이미 선교지에서 사역하는 선교사들의 생활과 사역을 지원한다. 이 선교회는, 선교는 영적 사역이고 영적 사역은 기도에 바탕을 둔다는 철학을 가지고 있다. 이 단체의 사역은 크게 드러나지 않으나 필수적인 내용들이다. 선교사들의 기도편지를 모아서 소식지를 제작해 소그룹 기도 모임들을 이끈다. 재정이 부족한 선교사들을 지원하고, 선교사들의 영적 돌봄을 위한 무료 세미나도 개최한다. 그리고 다양한 방법으로 선교사 가정을 돌보고 섬기는 사역을 한다.

성경 번역 선교회와 고신 교단 선교부

이상룡 선교사 가정은 성경번역선교회 소속일 뿐 아니라 예장 고신 교단 선교부 소속이기도 했다. 1986년까지 교단 선교부는 이중 소속을 허락하지 않았다. 이 선교사는 고신 교단 목사를 자신의 정체성 가운데 하나로 생각했다. 따라서 그에게 교단 소속 선교사가 되는 것은 중요했다.

이 지점에서 없던 길을 새로 내는 이상룡 선교사의 모습을 볼 수 있다. 그는 교단 선교부를 찾아가서 "교단 목사로서 성경 번역을 하고 싶습니다. 고신 교단 목사이니 교단 선교부로 나가서 성경 번역을 하고 싶습니다."라고 호소했다. 그의 호소는 교단 선교부의 정책 결정자들의 마음을 움직였다. 교단 선교부는 "성경 번역은 우리가 하기 힘드니까 그를 보내

주자."는 결정을 했다. 이것을 시작으로 고신 교단 선교사들이 다른 선교 단체와 이중 소속을 할 수 있게 되었다. 물론, 아직도 일부 교단 관계자 중에서는 선교사의 이중 소속에 대해 불편해 하는 이들도 있다.

처음에는 그의 자기 정체성의 이해에서 비롯되어 교단 선교부에 소속 되었지만, 이 결정은 나중에 그의 사역에 도움이 되었다. 선교사의 기도 와 재정 후원은 우리가 생각하는 것처럼 오래가지 않는다. 선교사가 은 퇴할 때까지 기도하고 재정 동역하는 교회와 성도는 의외로 그다지 많지 않다. 그러나 아무래도 "우리가 남이가?" 하는 정서가 교회에도 있다 보 니, 교단 교회 중에서 그의 사역을 후원하는 교회가 늘어났다. 재정 동역 을 중단하는 교회와 성도만큼이나 새롭게 재정 동역을 하는 교회들이 교 단 내의 교회에서 여럿 생겨났기에 그의 사역이 중단 없이 지속될 수 있 었다.

가족 이야기

이상룡 선교사는 가족 중에서 제일 먼저 예수님을 믿었다. 1960년대 에 중학생인 아들이 교회 다니겠다고 하는 것이 보통 일은 아닐 수 있는 데, 그의 부모님은 이것을 반대하거나 혼내지는 않았다. 위로 형들이 셋 있었지만, 일하시는 부모님을 대신해서 맏형만 엄했고 다른 두 형은 자 상했다고 한다.

그의 아버지는 일본에서 양복 만드는 기술을 배웠다. 우리나라가 독 립되자, 고향인 대구에서 와이셔츠와 남방을 만드는 옷 가게를 크게 차

려서 운영했다. "욕심 부리지 말아라. 정직하게 살아라."고 말씀하시며 열심히 일하는 모습을 자녀들에게 보여 주는 아버지였다.

그의 아버지도 훗날 예수님을 믿었다. 처음 교회 간 날은 부산에서 전도사 사역을 하는 아들이 교회에서 설교하는 날이었다. 설교단에 선 아들이 예배에 참석한 성도들에게 본인의 아버지가 지금 처음 교회에 나와 앉아 계신다고 말할 때, 그 마음이 얼마나 감사했을까? 아들 상룡이가 교회에 다니는 것에 대해 아무런 말씀도 하지 않던 아버지였지만, 신학교 가겠다는 말을 듣고 이렇게 말했다고 한다. "아이고 야야 니는 말도 못하는 것이 목사 되어서 어떻게 하노?" 아들의 선택을 믿고 지지하면서도 걱정하는 아버지의 마음이 고스란히 드러나는 말이다.

어머니는 거창에서 성장했는데, 옛날에 집 앞에서 동생을 업고 놀 때 서양 선교사를 보았던 것을 기억한다. 사 형제 중 막내였던 상룡이의 편을 들어주고, 혼내지 않으며 사랑으로 품어 주신 어머니였다.

그가 새벽기도를 다닐 때의 일이다. 요즘과 달리, 옛날 집의 대문은 사람이 나가면 바깥에서는 잠글 수가 없었다. 그냥 닫아둔 문이 돌아와서 보면 꼭 잠궈져 있었는데, 막내아들 상룡은 그 문을 보며 어머니의 마음을 느꼈다. 어머니는 가족 중에 홀로 예수 믿었던 막내아들 상룡이의 신앙을 꾸짖거나 핍박하지 않았다.

그가 의대를 가기 위해 재수와 삼수 공부를 하며 서울에서 살 때의 이야기이다. 어머니는 아버지를 위해 서울에서 옷감을 사 오곤 하셨다. 어머니가 구해 오신 새로 나온 옷감으로 아버지가 남자 남방을 만드셨는데, 대구에서 크게 유행되기도 할 정도로 어머니의 눈썰미가 좋았다. 막내아들을 보고 싶으시면, 옷감 사 오겠다고 말하고서 서울에 올라오셨다고 한다. 서울과 대구가 요즘처럼 KTX로 1시간 50분 만에 갈 수 있는 곳이 아니었다. 대여섯 시간은 꼬박 걸리는 거리였다. 그래서 어머니는 독서실에서 공부하다가 잠든 아들의 모습을 보며 안타까워하곤 하셨다.

한편, 이혜련 선교사는 신실한 기독교 가정에서 자랐다. 아버지는 부산의 한 교회의 장로였고 어머니는 권사였다. 이 선교사는 여섯 형제자매가 있었다. 위로 누나 셋과 아래로 여동생 한 명과 남동생 두 명 사이의 넷째 딸이었다. 지금이야 형제가 많아 보이지만, 그때는 흔히 그랬다. 형제들 사이는 화목했고, 의사인 아버지의 영향을 받아서였는지 이 선교사는 간호사를 꿈꾸었다.

이상룡 선교사와 이혜련 선교사가 서로 만난 곳은 서울 서문교회 대학부였다. 당시에 서문교회 대학부는 신앙적으로 매우 활발했고, 평일에 다니는 대학교별로 모임이 있었다. 성균관대학교에 다니는 서문교회 대학부 회원은 이상룡 형제와 이혜련 자매뿐이었다. 둘이서 모임을 가지다가 서로에게 호감을 가졌고 사귀게 되었다.

두 사람은 동갑이었지만, 이상룡 선교사가 삼수를 했기 때문에 두 학년의 차이가 있었다. 이혜련 자매가 4학년을 마쳐 갈 즈음에 이상룡 선교사가 자신의 마음을 내보였다. "나는 선교사를 하려고 하는데, 할 수 있겠어?"

이상룡 선교사가 군 제대를 하고 나서 4학년을 마치고 얼마 안 되어, 두 사람은 결혼했다. 첫째 아들 현성이는 이듬해인 1979년에 태어났고, 둘째 딸 영림이는 1983년도에 태어났다. 성경번역선교회의 선교사 자녀

1호였기 때문에, 단체에서 많은 관심과 지원이 있었다. 1990년도 즈음에 선교사들 사이에 자녀의 미래에 대한 의논들이 있었는데, 세 가지 원칙을 세웠다고 한다. 천국 자녀, 국제 자녀, 한국 자녀.

한국 자녀로 성장하도록 돕기 위해 몇 가지 구체적인 계획도 세웠다. 선교지에서는 한글 학교를 운영해서 우리말을 가르치자. 안식년 때마다 한국에서 학교를 다닐 수 있도록 하자. 그래서인지, 누가 두 자녀에게 "초, 중, 고, 대를 어디 다녔어?"라고 물으면 대답할 학교 이름들이 모두 있다고 한다. 입학해서 졸업할 때까지 다닌 것은 아니지만, 조금씩이라도 각급 학교를 다녔다. 그런데 이 교육 방법의 단점이 하나 있었다. "아빠, 엄마! 한국도 좋고 네팔도 좋은데, 한 군데에서만 살면 안 될까?" 이 제안 아닌 제안에 민감한 사춘기 자녀의 마음이 담겨 있지 않나 싶다.

아들 이현성은 경희대 국제통상학과를 졸업하고 현재 포스코 인터내셔널에서 차장으로 근무하고 있다. 어릴 때, 친구들은 외교관 또는 상사 직원 자녀들이어서 넉넉하게 생활했는데 선교사 자녀인 자기는 그렇지 못했던 것이 싫었던 것 같다. 이 차장은 영어와 중국어를 잘해서, 두 아들을 데리고 해외 지사 근무를 하며 옛날 자신이 부러워했던 삶을 살고 있다. 그런 그가 아버지에게 이런 말을 했다. "아빠, 내가 부러워하던 것을 해 보니, 그거 별거 아니에요."

딸 이영림은 미술에서 자신의 재능을 발견했다. "네가 행복해하고 좋아하는 게 뭐니?" 라는 질문에 영림은 미술이라고 대답했다. 그리고 보니, 처가에 미술을 좋아하고 전공하는 사람들이 적잖이 있었다. 이제는 중견 작가인 한 홍대 미대생이 단기 교사로 와서 영림의 재능을 개발시켰을 뿐 아니라 잠재력을 표출하도록 도와주었다. 영림의 인생에서 진로가 결정되는 중요한 전환점이 되었다.

화가 이영림은 홍대 미대에 진학해서 지금까지 예술가의 길을 가고 있다. 네팔에서 오랜 기간 살아서인지, 그의 색감이 한국적이지 않고 특색이 있어서 교수님들이 좋아했다고 한다. 그는 사진 작가와 결혼해서 아들 하나를 낳았고, 지금도 창작 활동을 하고 있다. 2017년에는 Rema Hort Mann Foundation에서 신예 작가 8명에게 수여하는 상을 받았다. 천여 명 중에서 선발된 여덟 명에 포함된 것이다. 최근에는 뉴욕의 큰 비에날레인 휘트니 비에날레에 초정받아 작품을 전시했다.

선교사 가정은 다른 가정과 조금 다를 수 있다. 선교사 가정의 부부는 모든 것이 다른 문화권에서 서로를 돌보고 챙기며 자녀들까지 양육하면서 살아야 한다. 물론 동료 선교사들이 있고 가까운 현지인들이 있지만, 일가친척이나 오랜 친구와 다를 수 있다. 그러다 보니, 가족이 서로 똘똘 뭉치게 된다. 이것 자체가 나쁜 것은 아니지만, 다른 사람이 같이 지내거나 가깝게 지내려고 할 때 보이지 않는 벽을 느낄 수도 있다. 그러나 어쩌면 한국 사회의 가정이 학업과 직장 등으로 바빠서 많이 해체된 것에 비해 선교사의 가정은 가족의 전통 가치를 유지하고 있는지도 모른다.

연구하는 삶

과연 지식인은 '되어지는가?' 아니면 '만들어지는가?' 어떤 것을 성실히 공부하고 축적하며 지식으로 만들어 다른 사람들과 공유하는 사람을 지식인이라 했을 때, 과연 지식인은 어떻게 출현하는가? 일반적으로는 대학교 졸업 이후 대학원에서 석·박사 과정을 공부하고 학문을 쌓아 학위 취득을 한 뒤 전문 분야의 지식인이 된다.

안타깝게도 적잖은 지식인이 학위 취득 이후에 이렇다 할 연구는 둘째 치고 연구 활동을 그만 두곤 한다. 오랜 세월을 한 분야에서 수고했던 것을 생각하면 참 아쉽다. 지식 탐구 과정에서 양보한 것도 많고 잃은 것도 적잖을 텐데 정말 안타까운 일이다.

그런데, 우공이산(愚公移山)의 이야기처럼 성실히 공부하고 발견한 것을 축적해서 여러 사람을 위한 지식을 만들어 가는 이들도 있다. 이것은 자기 자신과의 싸움이고, 소명과의 씨름이고, 각고의 노력이다. 이상룡 선교사가 이러한 지식인의 좋은 예이다.

그는 대학에서 영어영문학과를 전공했고, 대학원에서는 신학을 공부했다. 그리고 성경 번역 선교사에게 필요한 언어학 지식을 1년간 배웠다. 영어영문학과 신학이 사전 편찬이나 성경 번역에 전혀 무관하지 않았다. 또 가장 밀접한 지식으로 성경 번역 선교사 훈련 과정에서 1년 동안 언어학을 배웠다.

그는 이 지식을 현장에서 사용하면서 필요한 지식을 개인적으로 계속 공부해 나갔다. 그는 자신이 연구하고 알아낸 것을 학술적으로 정리하여 공유했다. 2000년에 "세르파어의 사회 언어학적 조사"를 네팔왕립학회에서 발제했다. 이 논문은 1998년과 1999년에 에베레스트 인근 지역에서 현장 조사한 것을 바탕으로 하고 있다.

2003년에 그는 티벳 불교권 사람들에게 복음을 전하는 데 유익한 정보가 담겨 있는 책을 번역해서 출판했다. 그것은 바로『티벳불교권 선교』(도서출판 NCD, 2003)이다. 티벳 불교 관련해서 몇 안 되는 매우 요긴한 책이다.

그는 두 편의 사전학 관련 연구 논문을 학술지에 게재했다. 한국 사전학회의 학술지인『한국사전학』제6호(2005)에 "한국어 이중언어사전 편찬을 위한 템플릿(Template) 제작에 대한 제안"과 같은 학술지 제8호(2006)에 "세르파-영어-네팔어-티벳어 사전 제작 과정과 문제점"이라는 논문을 게재했다.

그는 사전학에 대한 전문 경험과 지식을 가지고 있지만, 체계적으로 높은 수준의 공부를 하지 않은 것에 대해 아쉬움을 느끼고 있었다. 사전학 전공자들에게 목사이자 선교사라는 사람이 사전에 대한 전문적 의견을 낸다는 것이 다소 낯설었을 수 있다. 세르파어 신약 성경을 봉헌한 뒤에 그는 2015년부터 2017년 3월까지 남아프리카공화국의 스텔린보쉬대학교 대학원에서 사전학을 전공하고 석사 학위를 취득했다.

그가 처음 스텔린보쉬대학교 대학원에 사전학 전공 석사 과정을 문의했을 때 들은 답은, 와서 1년 공부하면 석사 과정 입학의 기회를 주겠다는 것이었다. 재고를 요청하니, 대학원 위원회가 열려야 할 정도로 큰 결정이니 재고가 어렵다는 답을 들었다. 그는 "그렇다면 대학원 위원회에서 안건으로 다루어 달라"고 요청했고, 대학원 위원회에서 검토한 뒤에 이전 결정을 번복하고 대학원 석사 과정생으로 입학 허가를 했다. 또 한 번, 그의 없던 길을 새로 내는 삶이 드러났다.

그의 석사 논문도 세르파어와 사전에 대한 것이었다. 그의 석사 논문 은 "위기에 처한 세르파어 사전을 위한 이론적 모델(A Theoretical Model for a Dictionary of the Endangered Sherpa Language)"이었다. 그는 일반 언어 사전과 멸 종 위기에 처한 언어 사전의 제작 방법은 다르다고 설명했다. 그는 사라 질 위기에 처한 언어들을 위한 사전을 어떻게 계획하고 편찬할지에 대한 사례로 세르파어 사전을 하나의 모델로 소개했다.

이 선교사의 이런 연구자의 모습은 그의 중고등학교 생활을 아는 사람 이라면 전혀 놀랍지 않다. 그가 다닌 대구 계성중학교, 계성고등학교는 고등학교와 대학교 진학을 위해 일종의 우반을 운영하고 있었고, 각 학 년의 8반은 공부 잘하는 학생들이 모인 반이었다. 이과와 문과가 나뉘어 있던 고2와 고3은 4반(문과)과 8반(이과)이 우수반이었다. 그는 중학교 1학 년부터 고등학교 3학년까지 8반에만 있었고 고등학교에서는 전교 학생 회장도 했었다.

하나님은 책 한 권을 통해 꿈 많은 청소년 이상룡에게 선교사의 꿈을 가지게 하셨다. 선교사의 자서전을 선교사가 번역하여 선교사가 설립한 출판사에서 출간한 책이었다. 물론 중간에 좌절도 있었고 방황도 있었으 나 하나님의 인도하심은 여전했고 청년 이상룡은 순종으로 응답했다.

이상룡 · 이혜련 선교사 부부는 1986년 12월 한국 땅을 떠난 이후 하 나님을 따라 없던 길을 새로 내며 살아왔다. 한국을 떠나기 전부터 이상룡 선교사 가족은 재정 후원과 소속 단체와의 관계 등에서 새로운 길을 내었다. 갈 길을 알지 못하고 하란을 떠났던 아브람처럼, 이상룡 선교사 가족은 사역지가 어디가 될는지 모른 채 출국했다. 1980년대 중반은 아직 한국 교회의 타문화권 선교사가 수백 명에 불과하고, 한국인의 해외 여행이 자유롭지 않던 시절이었다.

이들은 1988년 5월에 하나님의 인도하심을 따라 30년 넘게 제2의 고향처럼 살게 될 네팔 땅에 도착했다. 이들의 네팔에서의 삶은 새로운 길을 내는 것의 연속이었다. 네팔 거주에 필요한 비자를 취득하는 방법이나, 세르파어로 성경을 번역하는 과정이나, 자녀를 양육하는 점에 있어서나 없던 길을 내는 삶이었다. 그랬기에 시간도 엄청 더 많이 걸리고, 애태우며 마음 고생하는 시간도 많았다.

한국을 떠난 지 36년 되었고 네팔에 도착한 지 34년이 지난 이 선교사 부부는 많은 변화 속에서도 한결 같다. 전도가 금지되었던 네팔에는 약 100만의 기독교인이 살고 있고, 겨우 수백 명의 선교사를 파송했던 한국 교회는 2만 명이 훨씬 넘는 선교사들을 파송했다. 새내기 선교사였던 이들은 어느덧 경륜의 고참 선교사가 되었다. 세르파어로 신약 성경도 번역되었고, 세르파 부족의 신앙 공동체도 만들어졌다. 어린 자녀들도 장성해서 자녀를 양육하는 부모가 되었다. 하나님의 인도하심을 따라 없던 길을 새로 내며 순종의 삶을 사는 것은 예전이나 지금이나 변함이 없다.

참고자료

이상룡과 면담. 2014년 6월 10일.

이상룡과 면담. 2020년 8월 6일.

이상룡과 면담. 2020년 8월 24일.

이상룡의 카카오톡 메시지. 2020년 10월 6일.

김한성. (2017). 『한국 교회와 네팔 선교』. 양평, 아세아연합신학대학교 출판부.

김한성. (2020). 『선교지에 어떤 교회를 세울 것인가』. 서울, 예영커뮤니케이션.

마르꾸 쩨링. (2003). 『티벳불교권 선교』. 서울, 도서출판 NCD.

조광주. (2020). "비전 2025, 그 이후". 『난 곳 방언으로』. 258호 (3/4월)

강혜진. (2014년 5월 19일). "47년간 4전 5기 … 세르파족 성경 번역 이야기". 크리
　　　스천투데이. 2020년 10월 6일 접근. https://www.christiantoday.co.kr/
　　　news/272254

김대진. (2017년 1월 10일). "읽어 줄 사람 없는 책을 만드는 고난의 사역". 코람데
　　　오닷컴. 2020년 10월 6일 접근. http://www.kscoramdeo.com/news/
　　　articleView.html?idxno=10878

신상목. (2014년 5월 31일). "[이 땅의 희망지기-이상룡 이혜련 선교사 부부] 모국어는
　　　가슴의 언어." 국민일보. 2020년 10월 6일 접근. http://news.kmib.co.kr/
　　　article/view.asp? arcid =0008374240

유영대. (2019년 5월 17일). "'목회자 체포' 핍박받는 네팔 교회 위해 기도해 주세요".
　　　국민일보. 2020년 10월 6일 접근. http://news.kmib.co.kr/article/view.
　　　asp?arcid=0924078274 &code=23111117

네팔 관련 국문 자료들

단행본

강원희. (2011). 『히말라야 슈바이처』. 서울, 규장.

김한성. (2017). 『한국교회와 네팔선교』. 서울, CLC.

양승봉 & 신경희. (2014). 『히말라야, 네팔에 희망을 심다』. 서울, 생명의 말씀사.

이민철. (2014). 『내 이름은 꾸쑴 안띠』. 서울, 쿰란 출판사.

박정석. (2019). 『네팔, 힌두왕국에서 인민의 나라로』. 서울, 민속원.

박정석. (2020). 『네팔의 비주류 집단들』. 서울, 민속원.

방창인. (2021). 『네팔선교전략: 한인 선교사의 선교전략을 중심으로』. 서울, 호산나.

라젠드라 롱공. (2022). 『네팔 초기 교회사』. 어준경 역. 양평, 네팔선교연구원.

신디 페리. (2022). 『인물 중심의 네팔 교회 교회 역사』. 양평, 네팔선교연구원.

토마스 헤일. (2022). 『네팔을 비추는 복음의 빛: INF 이야기』. 양은용 역. 양평, 네팔 선교연구원.

학위 논문

김정근. (2020). "네팔 카스트사회에서의 장애인 인식연구". (박사 학위, 나사렛대학교 일반 대학원).

김희수. (2015). "국내 거주 네팔 노동자 선교를 통한 네팔의 선교 전략 연구". (박사 학위, 총신대학교).

류봉선. (2020). "교회성장을 위한 모교회의 인재양성 방안: 네팔 고르카 지역을 중심 으로". (박사 학위, 풀러 신학교 목회학).

문재용. (1987). "한국교회의 네팔 선교를 위한 일반적 고찰 : 네팔 선교 전략에 관한 연구". (석사 학위, 아세아연합신학대학교).

박나진. (2020). "네팔 아동 태권도 교육 비즈니스 선교". (박사 학위, 백석대학교 기독교전
문대학원).

방창인. (2021). "네팔선교를 위한 한인선교사의 선교전략에 관한 연구". (박사 학위, 서
울신학대학교).

신성임. (2020). "다샤인 축제의 상황화를 통한 네팔 선교 전략". (박사 학위, 주안대학원대
학교).

신현란. (2020). "교회 내 네팔 외국인 노동자 공동체 형성과정에서의 학습에 관한 연
구". (박사 학위, 숙명여자대학교).

신찬미. (2016). "자연재해지역의 아동을 위한 기독교교육: 놀이모델을 중심으로. (석
사 학위, 장로회신학대학교).

양은용. (2021). "네팔 기독교 리더들의 선교적 리더십 개발을 위한 NMLT(네팔 이동리
더십 훈련) 교육과정 제시". (박사 학위, 풀러 신학교 선교학).

유승재. (2018). "네팔 선교 환경에서의 목회자 훈련에 관한 연구: 바나바 훈련을 중
심으로". (박사 학위, 풀러 신학교 목회학).

이동운. (2006). "네팔 외국인 근로자 선교전략 연구: 천안중앙감리교회 외국인 선교
부를 중심으로". (석사 학위, 목원대학교 대학원).

이원일. (2011). "네팔 선교 방법으로서의 제자훈련 사역". (석사 학위, 장로회신학대학교 대
학원).

이원일. (2021). "목회자 훈련을 통한 평신도 훈련 목회에 관한 연구: 네팔 주중 목회
자 훈련을 중심으로". (박사 학위, 풀러 신학교 목회학).

이춘심. (1989). "네팔 선교를 위한 한국교회의 전략". (석사 학위, 아세아연합신학대학원).

조경근. (2013). "네팔 선교전략 : 주류계층을 향한 새로운 선교모델 개발". (석사 학위,
장로회신학대학교 대학원).

차남영. (2012). "네팔 외국인 노동자의 자아존중감과 대인관계의 상관관계". (석사 학
위, 총신대학교).

허인석. (N/A). "네팔 상황에서의 가정교회 사역". (박사 학위, 아세아연합신학연구원 선교
학).

네팔선교연구원 소개

"Building the Nepali church by research and education!"
"연구와 교육을 통해 네팔 교회를 세운다!"

인도에 거주하는 네팔 사람들에 대한 선교는 1850년대 이후에 시작되었고, 네팔에서의 개신교 선교는 1952년에 시작되었다. 또한 한국 교회의 네팔 선교는 1982년에 시작되었다. 한국 교회의 네팔 선교 연구는 2012년부터 본격적으로 시작되었으며, 하나님께서 네팔을 축복하셔서 지난 10년간 네팔 교회는 세계에서 가장 빠르게 성장하는 교회 중 하나이다.

네팔선교연구원은 아신대학교(ACTS)의 세계지역연구소 산하의 연구원 중 하나이다. 2012년 이전에도 네팔선교연구원이 있었으나, 그 내용과 사업은 파악되지 않는다. 2012년 3월, 당시 선교영어학과 소속의 김한성 교수가 네팔선교연구원 연구 교수로 섬기게 되면서 그 기틀을 다지게 되었다. 2017년, 네팔선교연구원 운영위원회(원장: 권준호 목사)가 구성된 이후 보다 다양하고 활발한 활동을 하고 있다. 2020년, 신성임 박사가 연구원으로 위촉되었고, 한국연구재단의 지원을 받아 2021년 학술연구 교수로 임명되었다.

네팔선교연구원의 운영위원회는 다음과 같이 구성되어 있다.

원장 권준호 목사 (용인, 송전교회)

이사 민필원 목사 (천안, 반석교회)

이사 오재호 목사 (서울, 은좌교회)

이사 이용준 목사 (서울, 갈릴리교회)

이사 한성호 목사 (부산, 대흥교회)

이사 박종기 목사 (구리, 우리네교회)

이사 송경호 목사 (양평, 덕수교회)

네팔선교연구원의 중점 사역 및 연구 영역은 다음 다섯 가지이다.

1) 한국 교회의 네팔 선교 사역 연구

2) 본교 재학 중인 네팔 출신 유학생 후원

3) 네팔 신학자의 연구 지원

4) 네팔 선교의 미래 방향 제시

5) 네팔 교회의 타문화권 선교 참여 독려

연락처

- 이메일: easy05@acts.ac.kr (연구 교수)

  actsmission@acts.ac.kr (대외 협력팀)

- 전화번호: 031-770-7807, 7814

- 페이스북: "네팔선교연구소"로 검색